Todos los libros de Linkgua Ediciones cuentan con modelos de Inteligencia Artificial entrenados por hispanistas. Pregúntale al chat de tu libro lo que desees acerca de la obra o su autor/a.

Para **ebooks**: Accede a nuestro modelo de IA a través de este enlace.

Para **libros impresos**: Escanea el código QR de la portada con tu dispositivo móvil.

Obtén análisis detallados de nuestros libros, resúmenes, respuestas a tus preguntas y accede a nuestras ediciones críticas generativas para una experiencia de lectura más enriquecedora.
La transparencia y el respeto hacia la autoría de las fuentes utilizadas son distintivos básicos de nuestro proyecto. Por ello, las respuestas ofrecen, mediante un sistema de citas, las fuentes con las que han sido elaboradas.

Sumario

Paraguay (20 de junio de 1992) Convención nacional constituyente 1991-1992

Preámbulo

El pueblo paraguayo, por medio de sus legítimos representantes reunidos en Convención Nacional Constituyente, invocando a Dios, reconociendo la dignidad humana con el fin de asegurar la libertad, la igualdad y la justicia, reafirmando los principios de la democracia republicana representativa, participativa y pluralista, ratificando la soberanía e independencia nacionales, e integrado a la comunidad internacional, SANCIONA Y PROMULGA esta Constitución.

Parte I. De las declaraciones fundamentales, de los derechos, de los deberes y de las garantías

Título I. De las declaraciones fundamentales

Artículo 1. De la forma del estado y de gobierno
La República del Paraguay es para siempre libre e independiente. Se constituye en Estado social de derecho, unitario, indivisible y descentralizado en la forma que establecen esta Constitución y las leyes. La República del Paraguay adopta para su gobierno la democracia representativa, participativa y pluralista, fundada en el reconocimiento de la dignidad humana.

Artículo 2. De la soberanía
En la República del Paraguay la soberanía reside el pueblo, que la ejerce conforme con lo dispuesto en esta Constitución.

Artículo 3. Del Poder público
El pueblo ejerce el poder público por medio del sufragio. El gobierno es ejercido por los poderes Legislativo, Ejecutivo y Judicial en un sistema de separación, equilibrio, coordinación y recíproco control. Ninguno de estos poderes puede atribuirse, ni otorgar a otro ni a persona alguna individual o colectiva, facultades extraordinarias o la suma del Poder público. La dictadura está fuera de la ley.

Título I. De los derechos, de los deberes y de las garantías

Capítulo I. De la vida y del ambiente

Sección I. De la vida

Artículo 4. Del derecho a la vida

El derecho a la vida es inherente a la persona humana. Se garantiza su protección, en general, desde la concepción. Queda abolida la pena de muerte. Toda persona será protegida por el Estado en su integridad física y psíquica, así como en su honor y en su reputación. La ley reglamentará la libertad de las personas para disponer de su propio cuerpo, solo con fines científicos y médicos.

Artículo 5. De la tortura y otros delitos

Nadie será sometido a torturas ni a penas o tratos crueles, inhumanos o degradantes.

El genocidio y la tortura, así como la desaparición forzosa de personas, el secuestro y el homicidio por razones políticas son imprescriptibles.

Artículo 6. De la calidad de vida

La calidad de vida será promovida por el Estado mediante planes y políticas que reconozcan factores condicionantes, tales como la extrema pobreza y los impedimentos de la discapacidad o de la edad.

El Estado también fomentará la investigación sobre los factores de población y sus vínculos con el desarrollo económico social, con la preservación del medio ambiente y con la calidad de vida de los habitantes.

Sección II. Del ambiente

Artículo 7. Del derecho a un ambiente saludable
Toda persona tiene derecho a habitar un medio ambiente saludable y ecológicamente equilibrado.

Constituyen objetivos prioritarios de interés social la preservación, la conservación, la recomposición y el mejoramiento del medio ambiente, así como su conciliación con el desarrollo humano integral. Estos propósitos orientarán la legislación y la política gubernamental pertinente.

Artículo 8. De la protección ambiental
Las actividades susceptibles de producir alteración ambiental serán reguladas por la ley. Asimismo, está podrá restringir o prohibir aquellas que califique peligrosas.

Se prohibe la fabricación, el montaje, la importación, la posesión o el uso de armas nucleares, químicas y biológicas, así como la introducción al país de residuos tóxicos. La ley podrá extender esta prohibición a otros elementos peligrosos; asimismo, regulará el tráfico de recursos genéticos y de su tecnología, precautelando los intereses nacionales.

El delito ecológico será definido y sancionado por la ley. Todo daño al ambiente importará la obligación de recomponer e indemnizar.

Capítulo II. De la libertad

Artículo 9. De la libertad y de la seguridad de las personas

Toda persona tiene el derecho a ser protegida en su libertad y en su seguridad.

Nadie está obligado a hacer lo que la ley no ordena ni privado de lo que ella no prohibe.

Artículo 10. De la proscripción de la esclavitud y de otras servidumbres

Están proscritas la esclavitud, las servidumbres personales y la trata de personas. La ley podrá establecer cargas sociales en favor del Estado.

Artículo 11. De la privación de la libertad

Nadie será privado de su libertad física o procesado, sino mediando las causas y en las condiciones fijadas por esta Constitución y las leyes.

Artículo 12. De la detención y del arresto

Nadie será detenido ni arrestado sin orden escrita de autoridad competente, salvo caso de ser sorprendido en flagrante comisión de delito que mereciese pena corporal. Toda persona detenida tiene derecho a:

1) que se le informe, en el momento del hecho, de la causa que lo motiva, de su derecho a guardar silencio y a ser asistida por un defensor de su confianza. En el acto de la detención, la autoridad está obligada a exhibir la orden escrita que la dispuso;

2) que la detención sea inmediatamente comunicada a sus familiares o personas que él indique;

3) que se le mantenga en libre comunicación, salvo que, excepcionalmente, se halle establecida su incomunicación por mandato judicial competente; la incomunicación no regirá respecto a su defensor, y en ningún caso podrá exceder del término que prescribe la ley;

4) que disponga de un intérprete, si fuese necesario, y a

5) que sea puesta, en un plazo no mayor de veinticuatro horas, a disposición del magistrado judicial competente, para que este disponga cuanto corresponda en derecho.

Artículo 13. De la no privación de la libertad por deudas

No se admite la privación de la libertad por deuda, salvo mandato de autoridad judicial competente dictado por incumplimiento de deberes alimentarios o como sustitución de multas o fianzas judiciales.

Artículo 14. De la irretroactividad de la ley

Ninguna ley tendrá efecto retroactivo, salvo que sea más favorable al encausado o al condenado.

Artículo 15. De la prohibición de hacerse justicia por sí mismo

Nadie podrá hacerse justicia por sí mismo ni reclamar sus derechos con violencia. Pero, se garantiza la legítima defensa.

Artículo 16. De la defensa en juicio
La defensa en juicio de las personas y de sus derechos es inviolable. Toda persona tiene derecho a ser juzgada por tribunales y jueces competentes, independientes e imparciales.

Artículo 17. De los derechos procesales
En el proceso penal, o en cualquier otro del cual pudiera derivarse pena o sanción, toda persona tiene derecho a:

1) que sea presumida su inocencia;

2) que se le juzgue en juicio público, salvo los casos contemplados por el magistrado para salvaguardar otros derechos;

3) que no se le condene sin juicio previo fundado en una ley anterior al hecho del proceso, ni que se le juzgue por tribunales especiales;

4) que no se le juzgue más de una vez por el mismo hecho. No se pueden reabrir procesos fenecidos, salvo la revisión favorable de sentencias penales establecidas en los casos previstos por la ley procesal;

5) que se defienda por sí misma o sea asistida por defensores de su elección;

6) que el Estado le provea de un defensor gratuito, en caso de no disponer de medios económicos para solventarlo;

7) la comunicación detallada de la imputación, así como a disponer de copias, medios y plazos indispensables para la preparación de su defensa en libre comunicación;

8) que ofrezca, practique controle e impugne pruebas;

9) que no se le opongan pruebas obtenidas o actuaciones producidas en violación de las normas jurídicas;

10) el acceso, por sí o por intermedio de su defensor, a las actuaciones procesales, las cuales en ningún caso podrán ser

secretas para ellos. El sumario no se prolongará más allá del plazo establecido por la ley, y a

11) la indemnización por el Estado en caso de condena por error judicial.

Artículo 18. De las restricciones de la declaración

Nadie puede ser obligado a declarar contra sí mismo, contra su cónyuge o contra la persona con quien está unida de hecho, ni contra sus parientes dentro del cuarto grado de consanguinidad o segundo de afinidad inclusive.

Los actos ilícitos o la deshonra de los imputados no afectan a sus parientes o allegados.

Artículo 19. De la prisión preventiva

La prisión preventiva solo será dictada cuando fuese indispensable en las diligencias del juicio. En ningún caso la misma se prolongará por un tiempo mayor al de la pena mínima establecida para igual delito, de acuerdo con la calificación del hecho, efectuada en el auto respectivo.

Artículo 20. Del objeto de las penas

Las penas privativas de libertad tendrán por objeto la readaptación de los condenados y la protección de la sociedad.

Quedan proscritas la pena de confiscación de bienes y la de destierro.

Artículo 21. De la reclusión de las personas

Las personas privadas de su libertad serán recluidas en establecimientos adecuados, evitando la promiscuidad de sexos. Los menores no serán recluidos con personas mayores de edad.

La reclusión de personas detenidas se hará en lugares diferentes a los destinados para los que purguen condena.

Artículo 22. De la publicación sobre procesos

La publicación sobre procesos judiciales en curso debe realizarse sin prejuzgamiento.

El procesado no deberá ser presentado como culpable antes de la sentencia ejecutoriada.

Artículo 23. De la prueba de la verdad

La prueba de la verdad y de la notoriedad no serán admisibles en los procesos que se promoviesen con motivo de publicaciones de cualquier carácter que afecten al honor, a la reputación o a la dignidad de las personas y que se refieran a delitos de acción penal privada o a conductas privadas que esta Constitución o la ley declaran exentas de la autoridad pública.

Dichas pruebas serán admitidas cuando el proceso fuera promovido por la publicación de censuras a la conducta pública de los funcionarios del Estado, y en los demás casos establecidos expresamente por la ley.

Artículo 24. De la libertad religiosa y la ideológica

Quedan reconocidas la libertad religiosa, la de culto y la ideológica, sin más limitaciones que las establecidas en esta Constitución y en la ley. Ninguna confesión tendrá carácter oficial.

Las relaciones del Estado con la Iglesia Católica se basan en la independencia, cooperación y autonomía.

Se garantizan la independencia y la autonomía de las iglesias y confesiones religiosas, sin más limitaciones que las impuestas en esta Constitución y las leyes.

Nadie puede ser molestado, indagado u obligado a declarar por causa de sus creencias o de su ideología.

Artículo 25. De la expresión de la personalidad
Toda persona tiene el derecho a la libre expresión de su personalidad, a la creatividad y a la formación de su propia identidad e imagen.

Se garantiza el pluralismo ideológico.

Artículo 26. De la libertad de expresión y de prensa
Se garantizan la libre expresión y la libertad de prensa, así como la difusión del pensamiento y de la opinión, sin censura alguna, sin más limitaciones que las dispuestas en esta Constitución; en consecuencia, no se dictará ninguna ley que las imposibilite o las restrinja. No habrá delitos de prensa, sino delitos comunes cometidos por medio de la prensa.

Toda persona tiene derecho a generar, procesar o difundir información, como igualmente a la utilización de cualquier instrumento lícito y apto para tales fines.

Artículo 27. Del empleo de los medios masivos de comunicación social
El empleo de los medios de comunicación es de interés público; en consecuencia, no se los podrá clausurar ni suspender su funcionamiento.

No se admitirá la prensa carente de dirección responsable.

Se prohibe toda práctica discriminatoria en la provisión de insumos para la prensa, así como interferir las frecuencias radioeléctricas y obstruir, de la manera que fuese, la libre circulación, la distribución y venta de periódicos, libros, revistas o demás publicaciones con dirección o autoría responsable. Se garantiza el pluralismo informativo. La ley regulará la publicidad a los efectos de la mejor protección de los derechos del niño, del joven, del analfabeto, del consumidor y de la mujer.

Artículo 28. Del derecho a informarse
Se reconoce el derecho de las personas a recibir información veraz, responsable y ecuánime.

Las fuentes públicas de información son libres para todos. La ley regulará las modalidades, plazos y sanciones correspondientes a las mismas, a fin de que este derecho sea efectivo.

Toda persona afectada por la difusión de una información falsa, distorsionada o ambigua tiene derecho a exigir su rectificación o su aclaración por el mismo medio y en las mismas condiciones que haya sido divulgada, sin perjuicio de los demás derechos compensatorios.

Artículo 29. De la libertad de ejercicio del
periodismo
El ejercicio del periodismo, en cualquiera de sus formas, es libre y no está sujeto a autorización previa. Los periodistas de los medios masivos de comunicación social, en cumplimiento de sus funciones, no serán obligados a actuar contra los dictados de su conciencia ni a revelar sus fuentes de información.

El periodista columnista tiene derecho a publicar sus opiniones firmadas, sin censura, en el medio en el cual trabaje. La dirección podrá dejar a salvo su responsabilidad haciendo constar su disenso.

Se reconoce al periodista el derecho de autoría sobre el producto de su trabajo intelectual, artístico o fotográfico, cualquiera sea su técnica, conforme con la ley.

Artículo 30. De las señales de comunicación electromagnética

La emisión y las propagación de las señales de comunicación electromagnética son del dominio público del Estado, el cual, en ejercicio de la soberanía nacional, promoverá el pleno empleo de las mismas según los derechos propios de la República y conforme con los convenios internacionales ratificados sobre la materia.

La ley asegurará, en igualdad de oportunidades, el libre acceso al aprovechamiento del espectro electromagnético, así como al de los instrumentos electrónicos de acumulación y procesamiento de información pública, sin más límites que los impuestos por las regulaciones internacionales y las normas técnicas. Las autoridades asegurarán que estos elementos no sean utilizados para vulnerar la intimidad personal o familiar y los demás derechos establecidos en esta Constitución.

Artículo 31. De los medios masivos de comunicación social del Estado

Los medios de comunicación dependientes del Estado serán regulados por ley en su organización y en su funcionamiento, debiendo garantizarse el acceso democrático y pluralista a los mismos de todos los sectores sociales y políticos, en igualdad de oportunidades.

Artículo 32. De la libertad de reunión y de manifestación

Las personas tienen derecho a reunirse y a manifestarse pacíficamente, sin armas y con fines lícitos, sin necesidad de permiso, así como el derecho a no ser obligadas a participar de tales actos. La ley solo podrá reglamentar su ejercicio en lugares de tránsito público, en horarios determinados, preservando derechos de terceros y el orden público establecido en la ley.

Artículo 33. Del derecho a la intimidad

La intimidad personal y familiar, así como el respeto a la vida privada, son inviolables. La conducta de las personas, en tanto no afecte al orden público establecido en la ley o a los derechos de terceros, está exenta de la autoridad pública.

Se garantizan el derecho a la protección de la intimidad, de la dignidad y de la imagen privada de las personas.

Artículo 34. Del derecho a la inviolabilidad de los recintos privados

Todo recinto privado es inviolable. Solo podrán ser allanados o clausurados por orden judicial y con sujeción a la ley. Excepcionalmente podrá serlo, además, en caso de flagrante delito o para impedir su inminente perpetración, o para evitar daños a la persona o a la propiedad.

Artículo 35. De los documentos identificatorios

Los documentos identificatorios, licencia o constancias de las personas no podrán ser incautados ni retenidos por las autoridades. Estas no podrán privarlas de ellos, salvo los casos previstos en la ley.

Artículo 36. Del derecho a la inviolabilidad del patrimonio documental y la comunicación privada

El patrimonio documental de las personas es inviolable. Los registros, cualquiera sea su técnica, los impresos, la correspondencia, los escritos, las comunicaciones telefónicas, telegráficas, cablegráficas o de cualquier otra especie, las colecciones o reproducciones, los testimonios y los objetos de valor testimonial, así como sus respectivas copias, no podrán ser examinados, reproducidos, interceptados o secuestrados sino por orden judicial para casos específicamente previstos en la ley, y siempre que fuesen indispensables para el esclarecimiento de los asuntos de competencia de las correspondientes autoridades. La ley determinará modalidades especiales para el examen de la contabilidad comercial y de los registros legales obligatorios.

Las pruebas documentales obtenidas en violación a lo prescrito anteriormente carecen de valor en juicio.

En todos los casos se guardará estricta reserva sobre aquello que no haga relación con lo investigado.

Artículo 37. Del derecho a la objeción de conciencia
Se reconoce la objeción de conciencia por razones éticas o religiosas para los casos en que esta Constitución y la ley la admitan.

Artículo 38. Del derecho a la defensa de los
intereses difusos

Toda persona tiene derecho, individual o colectivamente, a reclamar a las autoridades públicas medidas para la defensa del ambiente, de la integridad del hábitat, de la salubridad pública, del acervo cultural nacional, de los intereses del consumidor y de otros que, por su naturaleza jurídica, pertenezcan a la comunidad y hagan relación con la calidad de vida y con el patrimonio colectivo.

Artículo 39. Del derecho a la indemnización justa y adecuada

Toda persona tiene derecho a ser indemnizada justa y adecuadamente por los daños o perjuicios de que fuese objeto por parte del Estado. La ley reglamentará este derecho.

Artículo 40. Del derecho a peticionar a las autoridades

Toda persona, individual o colectivamente y sin requisitos especiales, tiene derecho a peticionar a las autoridades por escrito, quienes deberán responder dentro del plazo y según las modalidades que la ley determine. Se reputará denegada toda petición que no obtuviese respuesta en dicho plazo.

Artículo 41. Del derecho al tránsito y a la residencia

Todo paraguayo tiene derecho a residir en su patria. Los habitantes pueden transitar libremente por el territorio nacional, cambiar de domicilio o de residencia, ausentarse de la República o volver a ella y, de acuerdo con la ley, incorporar sus bienes al país o sacarlos de él.

Las migraciones serán reglamentadas por la ley, con observancia de estos derechos.

El ingreso de los extranjeros sin radicación definitiva en el país será regulado por la ley, considerando los convenios internacionales sobre la materia.

Los extranjeros con radicación definitiva en el país no serán obligados a abandonarlo sino en virtud de sentencia judicial.

Artículo 42. De la libertad de asociación

Toda persona es libre de asociarse o de agremiarse con fines lícitos, así como nadie está obligado a pertenecer a determinada asociación. La forma de colegiación profesional será reglamentada por ley. Están prohibidas las asociaciones secretas y las de carácter paramilitar.

Artículo 43. Del derecho de asilo

El Paraguay reconoce el derecho de asilo territorial y diplomático a toda persona perseguida por motivos o delitos políticos o por delitos comunes conexos, así como por sus opiniones o por sus creencias. Las autoridades deberán otorgar de inmediato la documentación personal y el correspondiente salvoconducto.

Ningún asilado político será trasladado compasivamente al país cuyas autoridades lo persigan.

Artículo 44. De los tributos

Nadie estará obligado al pago de tributos ni a la prestación de servicios personales que no hayan sido establecidos por la ley. No se exigirán fianzas excesivas ni se impondrán multas desmedidas.

Artículo 45. De los derechos y garantías no enunciados

La enunciación de los derechos y garantías contenidos en esta Constitución no debe entenderse como negación de otros que, siendo inherentes a la personalidad humana, no figuren expresamente en ella. La falta de ley reglamentaria no podrá ser invocada para negar ni para menoscabar algún derecho o garantía.

Capítulo III. De la igualdad

Artículo 46. De la igualdad de las personas
Todos los habitantes de la República son iguales en dignidad y derechos. No se admiten discriminaciones. El Estado
removerá los obstáculos e impedirá los factores que las mantengan o las propicien.

Las protecciones que se establezcan sobre desigualdades
injustas no serán consideradas como factores discriminatorios sino igualitarios.

Artículo 47. De las garantías de la igualdad
El Estado garantizará a todos los habitantes de la República:

1) la igualdad para el acceso a la justicia, a cuyo efecto
allanará los obstáculos que la impidiesen;

2) la igualdad ante las leyes;

3) la igualdad para el acceso a las funciones públicas no
electivas, sin más requisitos que la idoneidad, y

4) la igualdad de oportunidades en la participación de los
beneficios de la naturaleza, de los bienes materiales y de la
cultura.

Artículo 48. De la igualdad de los derechos del
hombre y de la mujer
El hombre y la mujer tienen iguales derechos civiles, políticos, sociales, económicos y culturales. El Estado promoverá
las condiciones y creará los mecanismos adecuados para que
la igualdad sea real y efectiva, allanando los obstáculos que
impidan o dificulten su ejercicio y facilitando la participación de la mujer en todos los ámbitos de la vida nacional.

Capítulo IV. De los derechos de la familia

Artículo 49. De la protección a la familia
La familia es el fundamento de la sociedad. Se promoverá y se garantizará su protección integral. Esta incluye a la unión estable del hombre y de la mujer, a los hijos y a la comunidad que se constituya con cualquiera de los progenitores y sus descendientes.

Artículo 50. Del derecho a constituir familia
Toda persona tiene derecho a constituir familia, en cuya formación y desenvolvimiento la mujer y el hombre tendrán los mismos derechos y obligaciones.

Artículo 51. Del matrimonio y de los efectos de las uniones de hecho
La ley establecerá las formalidades para la celebración del matrimonio entre el hombre y la mujer, los requisitos para contraerlo, las causas de separación, de disolución y sus efectos así como el régimen de administración de bienes y otros derechos y obligaciones entre cónyuges.

Las uniones de hecho entre el hombre y la mujer, sin impedimentos legales para contraer matrimonio, que reúnan las condiciones de estabilidad y singularidad, producen efectos similares al matrimonio, dentro de las condiciones que establezca la ley.

Artículo 52. De la unión en matrimonio
La unión en matrimonio del hombre y la mujer es uno de los componentes fundamentales en la formación de la familia.

Artículo 53. De los hijos

Los padres tienen el derecho y la obligación de asistir, de alimentar, de educar y de amparar a sus hijos menores de edad. Serán penados por la ley en caso de incumplimiento de sus deberes de asistencia alimentaria.

Los hijos mayores de edad están obligados a prestar a la familia de prole numerosa y a las mujeres cabeza de familia.

Todos los hijos son iguales ante la ley. Esta posibilitará la investigación de la paternidad. Se prohibe cualquier calificación sobre la filiación en los documentos personales.

Artículo 54. De la protección al niño

La familia, la sociedad y el Estado tienen la obligación de garantizar al niño su desarrollo armónico e integral, así como el ejercicio pleno de sus derechos, protegiéndolo contra el abandono, la desnutrición, la violencia, el abuso, el tráfico y la explotación. Cualquier persona puede exigir a la autoridad competente el cumplimiento de tales garantías y la sanción de los infractores.

Los derechos del niño, en caso de conflicto, tienen carácter de prevaleciente.

Artículo 55. De la maternidad y de la paternidad

La maternidad y la paternidad responsables serán protegidas por el Estado, el cual fomentará la creación de instituciones necesarias para dichos fines.

Artículo 56. De la juventud

Se promoverán las condiciones para la activa participación de la juventud en el desarrollo político, social, económico y cultural del país.

Artículo 57. De la tercera edad

Toda persona en la tercera edad tiene derecho a una protección integral. La familia, la sociedad y los poderes públicos promoverán su bienestar mediante servicios sociales que se ocupen de sus necesidades de alimentación, salud, vivienda, cultura y ocio.

Artículo 58. De los derechos de las personas excepcionales

Se garantizará a las personas excepcionales la atención de su salud de su educación, de su recreación y de su formación profesional para una plena integración social.

El Estado garantizará una política de prevención, tratamiento, rehabilitación e integración de los discapacitados físicos, psíquicos y sensoriales, a quienes prestará el cuidado especializado que requieran. Se les reconocerá el disfrute de los derechos que esta Constitución otorga a todos los habitantes de la República, en igualdad de oportunidades, a fin de compensar sus desventajas.

Artículo 59. Del bien de familia

Se reconoce como institución de interés social el bien de familia, cuyo régimen será determinado por ley. El mismo estará constituido por la vivienda o el fundo familiar, y por sus muebles y elementos de trabajo, los cuales serán inembargables.

Artículo 60. De la protección contra la violencia

El Estado promoverá políticas que tengan por objeto evitar la violencia en el ámbito familiar y otras causas destructoras de su solidaridad.

Artículo 61. De la planificación familiar y de la
salud materno infantil

El Estado reconoce el derecho de las personas a decidir libre y responsablemente el número y la frecuencia del nacimiento de sus hijos, así como a recibir, en coordinación con los organismos pertinentes, educación, orientación, científica y servicios adecuados en la materia.

Se establecerán planes especiales de salud reproductiva y salud materno infantil para la población de escasos recursos.

Capítulo V. De los pueblos indígenas

Artículo 62. De los pueblos indígenas y grupos
étnicos

Esta Constitución reconoce la existencia de los pueblos indígenas, definidos como grupos de cultura anteriores a la formación y organización del Estado paraguayo.

Artículo 63 De la identidad étnica

Queda reconocido y garantizado el derecho de los pueblos indígenas a preservar y a desarrollar su identidad étnica en el respectivo hábitat. Tienen derecho, asimismo, a aplicar libremente sus sistemas de organización política, económica, cultural y religiosa, al igual que la voluntaria sujeción a sus normas consuetudinarias para la regulación de la convivencia interna, siempre que ellas no atenten contra los derechos fundamentales establecidos en esa Constitución. En los conflictos jurisdiccionales se tendrá en cuenta el derecho consuetudinario indígena.

Artículo 64. De la propiedad comunitaria

Los pueblos indígenas tienen derecho a la propiedad comunitaria de la tierra, en extensión y calidad suficientes para la conservación y el desarrollo de sus formas peculiares de vida. El Estado les proveerá gratuitamente de estas tierras las cuales serán inembargables, indivisibles, intransferibles, imprescriptibles, no susceptibles de garantizar obligaciones contractuales ni de ser arrendadas; asimismo, estarán exentas de tributo.

Se prohibe la remoción o traslado de su hábitat sin el expreso consentimiento de los mismos.

Artículo 65. Del Derecho a la participación

Se garantiza a los pueblos indígenas el derecho a participar en la vida económica, social, política y cultural del país, de acuerdo con sus usos consuetudinarios, esta Constitución y las leyes nacionales.

Artículo 66. De la educación y de la asistencia

El Estado respetará las peculiaridades culturales de los pueblos indígenas, especialmente en lo relativo a la educación formal. Se atenderá, además, a su defensa contra la regresión demográfica, la depredación de su hábitat, la contaminación ambiental, la explotación económica y la alienación cultural.

Artículo 67. De la exoneración

Los miembros de los pueblos indígenas están exonerados de prestar servicios sociales, civiles o militares, así como de las cargas públicas que establezca la ley.

Capítulo VI. De la salud

Artículo 68. Del Derecho a la salud

El Estado protegerá y promoverá la salud como derecho fundamental de la persona y en interés de la comunidad.

Nadie será privado de asistencia pública para prevenir o tratar enfermedades, pestes o plagas, y de socorro en los casos de catástrofe y de accidentes.

Toda persona está obligada a someterse a las medidas sanitarias que establezca la ley, dentro del respeto a la dignidad humana.

Artículo 69. Del sistema nacional de salud

Se promoverá un sistema nacional de salud que ejecute acciones sanitarias integradas con políticas que posibiliten la concertación, la coordinación y la complementación de programas y recursos del sector público y privado.

Artículo 70. Del régimen de bienestar social

La Ley establecerá programas de bienestar social mediante estrategias basadas en la educación sanitaria y en la participación comunitaria.

Artículo 71. Del narcotráfico, de la drogadicción y de la rehabilitación

El Estado reprimirá la producción y el tráfico ilícito de las sustancias estupefacientes y demás drogas peligrosas, así como los actos destinados a la legitimación del dinero proveniente de tales actividades. Igualmente, combatirá el consumo ilícito de dichas drogas. La ley reglamentará la producción y el uso medicinal de las mismas.

Se establecerán programas de educación preventiva y de rehabilitación de los adictos, con la participación de organizaciones privadas.

Artículo 72. Del control de calidad

El Estado velará por el control de la calidad de los productos alimenticios, químicos, farmacéuticos y biológicos, en las etapas de producción, importación y comercialización. Asimismo, facilitará el acceso de sectores de escasos recursos a los medicamentos considerados esenciales.

Capítulo VII. De la educación y de la cultura

Artículo 73. Del Derecho a la educación y de sus fines

Toda persona tiene derecho a la educación integral y permanente, que como sistema y proceso se realiza en el contexto de la cultura de la comunidad. Sus fines son el desarrollo pleno de la personalidad humana y la promoción de la libertad y la paz, la justicia social, la solidaridad, la cooperación y la integración de los pueblos; el respeto a los derechos humanos y los principios democráticos; la afirmación del compromiso con la patria, de la identidad cultura y la formación intelectual, moral y cívica, así como la eliminación de los contenidos educativos de carácter discriminatorio.

La erradicación del analfabetismo y la capacidad para el trabajo son objetivos permanentes del sistema educativo.

Artículo 74. Del derecho de aprender y de la libertad
de enseñar

Se garantiza el derecho de aprender y la igualdad de oportunidades de acceso a los beneficios de la cultura humanística, de la ciencia y de la tecnología, sin discriminación alguna.

Se garantiza igualmente la libertad de enseñar, sin más requisitos que la idoneidad y la integridad ética, así como el derecho a la educación religiosa y al pluralismo ideológico.

Artículo 75. De la responsabilidad educativa

La educación es responsabilidad de la sociedad y recae en particular en la familia, en el Municipio y en el Estado.

El Estado promoverá programas de complemento nutricional y suministro de útiles escolares para los alumnos de escasos recursos.

Artículo 76. De las obligaciones del Estado

La educación escolar básica es obligatoria. En las escuelas públicas tendrá carácter gratuito. El Estado fomentará la enseñanza media, técnica, agropecuaria, industrial y la superior o universitaria, así como la investigación científica y tecnológica.

La organización del sistema educativo es responsabilidad esencial del Estado, con la participación de las distintas comunidades educativas. Este sistema abarcará a los sectores públicos y privados, así como el ámbito escolar y extraescolar.

Artículo 77. De la enseñanza en lengua materna

La enseñanza de los comienzos del proceso escolar se realizará en la lengua oficial materna del educando. Se instruirá asimismo en el conocimiento y en el empleo de ambos idiomas oficiales de la República.

En el caso de las minorías étnicas cuya lengua materna no sea el guaraní, se podrá elegir uno de los dos idiomas oficiales.

Artículo 78. De la educación técnica

El Estado fomentará la capacitación para el trabajo por medio de la enseñanza técnica, a fin de formar los recursos humanos requeridos para el desarrollo nacional.

Artículo 79. De las Universidades e institutos superiores

La finalidad principal de las Universidades y de los institutos superiores serán la formación profesional superior, la investigación científica y la tecnológica, así como la extensión universitaria.

Las Universidades son autónomas. Establecerán sus estatutos y formas de gobierno y elaborarán sus planes de estudio de acuerdo con la política educativa y los planes de desarrollo nacional. Se garantizan la libertad de enseñanza y la de cátedra. Las Universidades, tanto públicas como privadas, serán creadas por ley, la cual determinará las profesiones que necesiten títulos universitarios para su ejercicio.

Artículo 80. De los fondos para becas y ayudas

La ley preverá la constitución de fondos para becas y otras ayudas, con el objeto de facilitar la formación intelectual, científica, técnica o artística de las personas, con preferencia de las que carezcan de recursos.

Artículo 81. Del patrimonio cultural

Se arbitrarán los medios necesarios para la conservación, el rescate y la restauración de los objetos, documentos y espacios de valor histórico, arqueológico, paleontológico, artístico o científico, así como de sus respectivos entornos físicos que hacen parte del patrimonio cultural de la Nación.

El Estado definirá y registrará aquellos que se encuentren en el país y, en su caso, gestionará la recuperación de los que se hallen en el extranjero. Los organismos competentes se encargarán de la salvaguarda y del rescate de las diversas expresiones de la cultura oral y de la memoria colectiva de la Nación, cooperando con los particulares que persiguen el mismo objetivo. Quedan prohibidos el uso inapropiado y el empleo desnaturalizante de dichos bienes, su destrucción, su alteración dolosa, la remoción de sus lugares originarios y su enajenación con fines de exportación.

Artículo 82. Del reconocimiento a la Iglesia Católica

Se reconoce el protagonismo de la Iglesia Católica en la formación histórica y cultura de la República.

Artículo 83. De la difusión cultural y de la exoneración de los impuestos

Los objetos, las publicaciones y las actividades que posean valor significativo para la difusión y para la educación no se gravarán con impuestos fiscales ni municipales. La ley reglamentará estas exoneraciones y establecerá un régimen de estímulo para la introducción e incorporación al país de los elementos necesarios para el ejercicio de las artes y de la investigación científica y tecnológica, así como para su difusión en el país y en el extranjero.

Artículo 84. De la promoción de los deportes

El Estado promoverá los deportes, en especial los de carácter no profesional, que estimulen la educación física, brindando apoyo económico y exenciones impositivas a establecerse en la ley. Igualmente, estimulará la participación nacional en competencias internacionales.

Artículo 85. Del mínimo presupuestario

Los recursos destinados a la educación en el Presupuesto General de la Nación no serán inferiores al veinte por ciento del total asignado a la Administración Central, excluidos los préstamos y las donaciones.

Capítulo VIII. Del trabajo

Sección I. De los derechos laborales

Artículo 86. Del derecho al trabajo

Todos los habitantes de la República tienen derecho a un trabajo lícito, libremente escogido y a realizarse en condiciones dignas y justas.

La ley protegerá el trabajo en todas sus formas y los derechos que ella otorga al trabajador son irrenunciables.

Artículo 87. Del pleno empleo

El Estado promoverá políticas que tiendan al pleno empleo y a la formación profesional de recursos humanos, dando preferencia al trabajador nacional.

Artículo 88. De la no discriminación

No se admitirá discriminación alguna entre los trabajadores por motivos étnicos, de sexo, edad, religión, condición social y preferencias políticas o sindicales.

El trabajo de las personas con limitaciones o incapacidades físicas o mentales será especialmente amparado.

Artículo 89. Del trabajo de las mujeres

Los trabajadores de uno y otro sexo tienen los mismos derechos y obligaciones laborales, pero la maternidad será objeto de especial protección, que comprenderá los servicios asistenciales y los descansos correspondientes, los cuales no serán inferiores a doce semanas. La mujer no será despedida durante el embarazo, y tampoco mientras duren los descansos por maternidad.

La ley establecerá el régimen de licencias por paternidad.

Artículo 90. Del trabajo de los menores

Se dará prioridad a los derechos del menor trabajador para garantizar su normal desarrollo físico, intelectual y moral.

Artículo 91. De las jornadas de trabajo y de descanso

La duración máxima de la jornada ordinaria de trabajo no excederá de ocho horas diarias y cuarenta y ocho horas semanales, diurnas, salvo las legalmente establecidas por motivos especiales. La ley fijará jornadas más favorables para las tareas insalubres, peligrosas, penosas, nocturnas, o las que se desarrollen en turnos continuos rotativos.

Los descansos y las vacaciones anuales serán remunerados conforme con la ley.

Artículo 92. De la retribución del trabajo

El trabajador tiene derecho a disfrutar de una remuneración que le asegure, a él y a su familia, una existencia libre y digna. La ley consagrara el salario vital mínimo y móvil, el aguinaldo anual, la bonificación familiar, el reconocimiento de un salario superior al básico por horas de trabajo insalubre o riesgoso, y las horas extraordinarias, nocturnas y en días feriados. Corresponde, básicamente, igual salario por igual trabajo.

Artículo 93. De los beneficios adicionales al trabajador

El Estado establecerá un régimen de estímulo a las empresas que incentiven con beneficios adicionales a sus trabajadores. Tales emolumentos serán independientes de los respectivos salarios y de otros beneficios legales.

Artículo 94. De la estabilidad y de la indemnización

El derecho a la estabilidad del trabajador queda garantizado dentro de los límites que la ley establezca, así como su derecho a la indemnización en caso de despido injustificado.

Artículo 95. De la seguridad social

El sistema obligatorio e integral de seguridad social para el trabajador dependiente y su familia será establecido por la ley. Se promoverá su extensión a todos los sectores de la población.

Los servicios del sistema de seguridad social podrán ser públicos, privados o mixtos, y en todos los casos estarán supervisados por el Estado.

Los recursos financieros de los seguros sociales no serán
desviados de sus fines específicos; estarán disponibles para
este objetivo, sin perjuicio de las inversiones lucrativas que
puedan acrecentar su patrimonio.

Artículo 96. De la libertad sindical

Todos los trabajadores públicos y privados tienen derecho a
organizarse en sindicatos sin necesidad de autorización previa. Quedan exceptuados de este derecho los miembros de las
Fuerzas Armadas y de las policiales. Los empleadores gozan
de igual libertad de organización.

Nadie puede ser obligado a pertenecer a un sindicato.

Para el reconocimiento de un sindicato, bastará con la inscripción del mismo en el órgano administrativo competente.

En la elección de las autoridades y en el funcionamiento de
los sindicatos se observarán las prácticas democráticas establecidas en la ley, la cual garantizará también la estabilidad
del dirigente sindical.

Artículo 97. De los convenios colectivos

Los sindicatos tienen el derecho a promover acciones colectivas y a concertar convenios sobre las condiciones de trabajo.

El Estado favorecerá las soluciones conciliatorias de los
conflictos de trabajo y la concertación social. El arbitraje
será optativo.

Artículo 98. Del derecho de huelga y de paro

Todos los trabajadores de los sectores públicos y privados
tienen el derecho a recurrir a la huelga en caso de conflicto
de intereses. Los empleadores gozan del derecho de paro en
las mismas condiciones.

Los derechos de huelga y de paro no alcanzan a los miembros de las Fuerzas Armadas de la Nación, ni a los de las policiales.

La ley regulará el ejercicio de estos derechos, de tal manera que no afecten servicios públicos imprescindibles para la comunidad.

Artículo 99. Del cumplimiento de las normas laborales

El cumplimiento de las normas laborales y el de la seguridad e higiene en el trabajo quedará sujeto a la fiscalización de las autoridades creadas por la ley, la cual establecerá las sanciones en caso de su violación.

Artículo 100. Del derecho a la vivienda

Todos los habitantes de la República tienen derecho a una vivienda digna.

El Estado establecerá las condiciones para hacer efectivo este derecho, y promoverá planes de vivienda de interés social, especialmente las destinadas a familias de escasos recursos, mediante sistemas de financiamiento adecuados.

Sección II. De la función pública

Artículo 101. De los funcionarios y de los empleados públicos

Los funcionarios y empleados públicos están al servicio del país. Todos los paraguayos tienen el derecho a ocupar funciones y empleos públicos.

La ley reglamentará las distintas carreras en las cuales dichos funcionarios y empleados presten servicios, las que, sin perjuicio de otras son la judicial, la docente, la diplomática y consular, la de investigación científica y tecnológica, la de servicio civil, la militar y la policial.

Artículo 102. De los derechos de los funcionarios y
de los empleados públicos.

Los funcionarios y los empleados públicos gozan de los derechos establecidos en esta Constitución en la **Sección** de derechos laborales, en un régimen uniforme para las distintas carreras dentro de los límites establecidos por la ley y con resguardo de los derechos adquiridos.

Artículos 103. Del régimen de jubilaciones

Dentro del sistema nacional de seguridad social, la ley regulará el régimen de jubilaciones de los funcionarios y de los empleados públicos, atendiendo a que los organismos autárquicos creados con ese propósito acuerden a los aportantes y jubilados la administración de dichos entes bajo control estatal. Participarán del mismo régimen todos los que, bajo cualquier Título, presten servicios al Estado.

La ley garantizará la actualización de los haberes jubilatorios en igualdad de tratamiento dispensado al funcionario público en actividad.

Artículo 104. De la declaración obligatoria de bienes
y rentas

De los funcionarios y los empleados públicos incluyendo los de elección popular, los de entidades estatales, binacionales, autárquicas, descentralizadas y, en general, quienes perciban remuneraciones permanentes del Estado, estarán obligados a prestar declaración jurada de bienes y rentas dentro de los quince días de haber tomado posesión de su cargo y en igual término al cesar el mismo.

Artículo 105. De la prohibición de doble remuneración

Ninguna persona podrá recibir como funcionario o empleado público, más de un sueldo y/o remuneración simultáneamente, con excepción de los que provengan del ejercicio de la docencia.

Artículo 106. De la responsabilidad del funcionario y del empleado público.

Ningún funcionario o empleado público está exento de responsabilidad. En los casos de transgresiones, delitos o faltas que cometiesen en el desempeño de sus funciones, son personalmente responsables, sin perjuicio de la responsabilidad subsidiaria del Estado, con derecho de este a repetir el pago de lo que llegase a abonar en tal concepto.

Capítulo IX. De los derechos económicos y de la Reforma agraria

Sección I. De los derechos económicos

Artículo 107. De la libertad de concurrencia.

Toda persona tiene derecho a dedicarse a la actividad económica lícita de su preferencia, dentro de un régimen de igualdad de oportunidades.

Se garantiza la competencia en el mercado. No serán permitidas la creación de monopolios y el alza o la baja artificiales de precios que traben la libre concurrencia. La usura y el comercio no autorizado de artículos nocivos serán sancionados por la Ley Penal.

Artículo 108. De la libre circulación de productos
Los bienes de producción o fabricación nacional y los de procedencia extranjera introducidos legalmente, circularan libremente dentro del territorio de la República.

Artículo 109. De la propiedad privada
Se garantiza la propiedad privada, cuyo contenido y límites serán establecidos por la ley, atendiendo a su función económica y social a fin de hacerla accesible para todos.

La propiedad privada es inviolable.

Nadie puede ser privado de su propiedad sino en virtud de sentencia judicial, pero se admite la expropiación por causa de utilidad pública o de interés social que será determinada en cada caso por ley. Esta garantizará el previo pago de una justa indemnización, establecida convencionalmente o por sentencia judicial, salvo los latifundios improductivos destinados a la Reforma agraria, conforme con el procedimiento para las expropiaciones a establecerse por ley.

Artículo 110. De los derechos de autor y propiedad
intelectual
Todo autor, inventor, productor o comerciante goza de la propiedad exclusiva de su obra, invención, marca o nombre comercial, con arreglo a la ley.

Artículo 111. De las transferencias de las empresas
públicas
Siempre que el Estado resuelva transferir empresas públicas o su participación en las mismas al sector privado, dará opción preferencial de compra, a los trabajadores y sectores involu-

crados directamente con la empresa. La ley regulará la forma
en que se establecerá dicha opción.

Artículo 112. Del dominio el Estado

Corresponde al Estado el dominio de los hidrocarburos, minerales sólidos, líquidos y gaseosos que se encuentren en estado natural en el territorio de la República, con excepción de las sustancias pétreas, terrosas y calcáreas.

El Estado podrá otorgar concesiones a personas o empresas públicas o privadas, mixtas, nacionales o extranjeras, para la prospección, la exploración, la investigación, el cateo o la explotación de yacimientos, por tiempo limitado.

La ley regulará el régimen económico que contemple los intereses del Estado, los de los concesionarios y los de los propietarios que pudieran resultar afectados.

Artículo 113. Del fomento de las Cooperativas

El Estado fomentará la empresa cooperativa y otras formas asociativas de producción de bienes y de servicios, basadas en la solidaridad y la rentabilidad social, a las cuales garantizará su libre organización y su autonomía.

Los principios del cooperativismo, como instrumento del desarrollo económico nacional, serán difundidos a través del sistema educativo.

Sección II. De la Reforma agraria

Artículo 114. De los objetivos de la Reforma agraria

La Reforma agraria es uno de los factores fundamentales para lograr el bienestar rural. Ella consiste en la incorporación efectiva de la población campesina al desarrollo económico y social de la Nación. Se adoptarán sistemas equitativos de distribución, propiedad y tenencia de la tierra; se organizarán el crédito y la asistencia técnica, educacional y sanitaria; se fomentará la creación de cooperativas agrícolas y de otras asociaciones similares, y se promoverá la producción, la industrialización y la racionalización del mercado para el desarrollo integral del agro.

Artículo 115. De las bases de la Reforma agraria y del desarrollo rural

La Reforma agraria y el desarrollo rural se efectuarán de acuerdo con las siguientes bases:

1) la adopción de un sistema tributario y de otras medidas que estimulen la producción, desalienten el latifundio y garanticen el desarrollo de la pequeña y la mediana propiedad rural, según las peculiaridades de cada zona;

2) la racionalización y la regularización del uso de la tierra y de las prácticas de cultivo para impedir su degradación, así como el fomento de la producción agropecuaria intensiva y diversificada;

3) la promoción de la pequeña y de la mediana empresa agrícola;

4) la programación de asentamientos campesinos; la adjudicación de parcelas de tierras en propiedad a los beneficiarios de la Reforma agraria, previendo la infraestructura necesaria para su asentamiento y arraigo con énfasis la educación y la salud;

5) el establecimiento de sistemas y organizaciones que aseguren precios justos al productor primario;

6) el otorgamiento de créditos agropecuarios, a bajo costo y sin intermediarios;

7) la defensa y la preservación del ambiente;

8) la creación del seguro agrícola;

9) el apoyo a la mujer campesina, en especial a quien sea cabeza de familia;

10) la participación de la mujer campesina, en igualdad con el hombre, en los planes de la Reforma agraria;

11) la participación de los sujetos de la Reforma agraria en el respectivo proceso, y la promoción de las organizaciones campesinas en defensa de sus intereses económicos, sociales y culturales;

12) el apoyo preferente a las connacionales en los planes de la Reforma agraria;

13) la educación del agricultor y la de su familia, a fin de capacitarlos como agentes activos del desarrollo nacional;

14) la creación de centros regionales para el estudio y tipificación agrológica de suelos, para establecer los rubros agrícolas en las regiones aptas;

15) La adopción de políticas que estimulen el interés de la población en las tareas agropecuarias, creando centros de capacitación profesional en áreas rurales, y

16) el fomento de la migración interna, atendiendo a razones demográficas, económicas y sociales.

Artículo 116. De los latifundios improductivos
Con el objeto de eliminar progresivamente los latifundios improductivos, la ley atenderá a la aptitud natural de las tierras, a las necesidades del sector de población vinculado con la agricultura y a las previsiones aconsejables para el desarrollo equilibrado de las actividades agrícolas, agropecuarias, forestales e industriales, así como al aprovechamiento sostenible de los recursos naturales y la preservación del equilibrio ecológico.

La expropiación de los latifundios improductivos destinados a la Reforma agraria será establecida en cada caso por la ley, y se abonará en la forma y en el plazo que la misma determine.

Capítulo X. De los derechos y de los deberes políticos

Artículo 117. De los derechos políticos
Los ciudadanos, sin distinción de sexo, tienen el derecho a participar en los asuntos públicos, directamente o por medio de sus representantes, en la forma que determinen esta Constitución y las leyes. Se promoverá el acceso de la mujer a las funciones públicas.

Artículo 118. Del sufragio
El sufragio es derecho, deber y función pública del elector. Constituye la base del régimen democrático y representativo. Se funda en el voto universal, libre, directo, igual y secreto; en el escrutinio público y fiscalizado, y en el sistema de representación proporcional.

Artículo 119. Del sufragio en las organizaciones intermedias
Para las elecciones en las organizaciones intermedias, políticas, sindicales y sociales, se aplicarán los mismos principios y normas del sufragio.

Artículo 120. De los electores
Son electores los ciudadanos paraguayos radicados en el territorio nacional, sin distinción, que hayan cumplido dieciocho años.

Los ciudadanos son electores y elegibles, sin más restricciones que las establecidas en esta Constitución y en la ley.

Los extranjeros con radicación definitiva tendrán los mismos derechos en las elecciones municipales.

Artículo 121. Del referéndum

El referéndum legislativo, decidido por ley, podrá o no ser vinculante. Esta institución será reglamentada por ley.

Artículo 122. De las materias que no podrán ser objeto de referéndum

No podrán ser objeto de referéndum:

1) Las relaciones internacionales, tratados, convenios o acuerdos internacionales;

2) las expropiaciones;

3) la defensa nacional;

4) la limitación de la propiedad inmobiliaria;

5) las cuestiones relativas a los sistemas tributarios, monetarios y bancarios, la contratación de empréstitos, el Presupuestos General de la Nación, y las elecciones nacionales, las departamentales y las municipales.

Artículo 123. De la iniciativa popular

Se reconoce a los electores el derecho a la iniciativa popular para proponer al Congreso proyectos de ley. La forma de las propuestas, así como el número de electores que deban suscribirlas, serán establecidos en la ley.

Artículo 124. De la naturaleza y de las funciones de los partidos políticos.

Los partidos políticos son personas jurídicas de derecho público. Deben expresar el pluralismo y concurrir a la formación de las autoridades electivas, a la orientación de la política nacional, departamental o municipal y a la formación cívica de los ciudadanos.

Artículo 125. De la libertad de organización en
partidos o en movimientos políticos.
Todos los ciudadanos tienen el derecho a asociarse libremente en partidos y o en movimiento políticos, para concurrir, por métodos democráticos, a la elección de las autoridades previstas en esta Constitución y en las leyes, así como en las orientación de la política nacional. La ley reglamentará la constitución y el funcionamiento de los partidos y movimientos políticos, a fin de asegurar el carácter democrático de los mismos.

Solo se podrá cancelar la personalidad jurídica de los partidos y movimientos políticos en virtud de sentencia judicial.

Artículo 126. De las prohibiciones a los partidos y a
los movimientos políticos.
Los partidos y los movimientos políticos, en su funcionamiento, no podrán:

1) recibir auxilio económico, directivas o instrucciones de organizaciones o Estados extranjeros;

2) establecer estructuras que, directa o indirectamente, impliquen la utilización o la apelación a la violencia como metodología del quehacer político, y

3) constituirse con fines de sustituir por la fuerza el régimen de libertad y de democracia, o de poner en peligro la existencia de la República.

Capítulo XI. De los deberes

Artículo 127. Del cumplimiento de la ley
Toda persona está obligada al cumplimiento de la ley. La crítica a las leyes es libre, pero no está permitido predicar su desobediencia.

Artículo 128. De la primacía del interés general y del deber de colaborar
En ningún caso el interés de los particulares primará sobre el interés general. Todos los habitantes deben colaborar en bien del país, prestando los servicios y desempeñando las funciones definidas como carga pública, que determinen esta Constitución y la ley.

Artículo 129. Del servicio militar
Todo paraguayo tiene la obligación de prepararse y de prestar su concurso para la defensa armada de la Patria. A tal objeto, se establece el servicio militar obligatorio. La ley regulará las condiciones en que se hará efectivo este deber.

El servicio militar deberá cumplirse con plena dignidad y respeto hacia la persona. En tiempo de paz, no podrá exceder de doce meses.

Las mujeres no prestarán servicio militar sino como auxiliares, en caso de necesidad, durante conflicto armado internacional.

Quienes declaren su objeción de conciencia prestarán servicio en beneficio de la población civil, a través de centros asistenciales designados por ley y bajo jurisdicción civil. La reglamentación y el ejercicio de este derecho no deberán tener carácter punitivo ni impondrán gravámenes superiores a los establecidos para el servicio militar.

Se prohibe el servicio militar personal no determinado en la ley o para beneficio o lucro particular de personas o entidades privadas.

La ley reglamentará la contribución de los extranjeros a la defensa nacional.

Artículo 130. De los beneméritos de la Patria
Los veteranos de la guerra del Chaco, y los otros conflictos armados internacionales que se libren en defensa de la Patria, gozarán de honores y privilegios; de pensiones que les permitan vivir decorosamente; de asistencia preferencial, gratuita y completa a su salud, así como de otros beneficios, conforme con lo que determine la ley.

En los beneficios económicos les sucederán sus viudas e hijos menores o discapacitados, incluidos los de los veteranos fallecidos con anterioridad a la promulgación de esta Constitución.

Los beneficios acordados a los beneméritos de la Patria no sufrirán restricciones y serán de vigencia inmediata sin más requisito que su certificación fehaciente.

Los ex prisioneros de guerra bolivianos, quienes desde la firma del Tratado de Paz hubiesen optado por integrarse definitivamente al país, quedan equiparados a los veteranos de la guerra del Chaco en los beneficios económicos y prestaciones asistenciales.

Capítulo XII. De las garantías constitucionales

Artículo 131. De las garantías

Para hacer efectivos los derechos consagrados en esta Constitución, se establecen las garantías contenidas en este capítulo, las cuales serán reglamentadas por la ley.

Artículo 132. De la inconstitucionalidad

La Corte Suprema de Justicia tiene facultad para declarar la inconstitucionalidad de las normas jurídicas y de las resoluciones judiciales, en la forma y con los alcances establecidos en esta Constitución y en la ley.

Artículo 133. Del Hábeas Corpus

Esta garantía podrá ser interpuesta por el afectado, por sí o por interpósita persona, sin necesidad de poder por cualquier medio fehaciente y ante cualquier Juez de Primera Instancia de la circunscripción judicial respectiva.

El Hábeas Corpus será:

1) Preventivo: en virtud del cual toda persona, en trance inminente de ser privada ilegalmente de su libertad física, podrá recabar el examen de la legitimidad de las circunstancias que, a criterio del afectado, amenacen su libertad, así como una orden de cesación de dichas restricciones.

2) Reparador: en virtud del cual toda persona que se hallase ilegalmente privada de su libertad puede recabar la rectificación de las circunstancias del caso. El magistrado ordenará la comparecencia del detenido, con un informe del agente público o privado que lo detuvo, dentro de las veinticuatro horas de radicada la petición. Si el requerido no lo hiciese así,

el Juez se constituirá en el sitio en el que se halle recluida la persona, y en dicho lugar hará juicio de méritos y dispondrá su inmediata libertad, igual que si se hubiere cumplido con la presentación del detenido y se haya radicado el informe. Si no existiesen motivos legales que autoricen la privación de su libertad, la dispondrá de inmediato; si hubiese orden escrita de autoridad judicial, remitirá los antecedentes a quien dispuso la detención.

3) Genérico: en virtud del cual se podrán demandar rectificación de circunstancias que, no estando contempladas en los dos casos anteriores, restrinjan la libertad o amenacen la seguridad personal. Asimismo, esta garantía podrá interponerse en casos de violencia física, psíquica o moral que agraven las condiciones de personas legalmente privadas de su libertad. La ley reglamentará las diversas modalidades del Hábeas Corpus, las cuales procederán incluso durante el Estado de excepción. El procedimiento será breve, sumario y gratuito, pudiendo ser iniciado de oficio.

Artículo 134. Del amparo

Toda persona que por un acto u omisión, manifiestamente ilegítimo, de una autoridad o de un particular, se considere lesionada gravemente, o en peligro inminente de serlo en derechos o garantías consagrados en esta Constitución o en la ley, y que debido a la urgencia del caso no pudiera remediarse por la vía ordinaria, puede promover amparo ante el magistrado competente.

El procedimiento será breve, sumario, gratuito, y de acción popular para los casos previstos en la ley.

El magistrado tendrá facultad para salvaguardar el derecho o garantía, o para restablecer inmediatamente la situación jurídica infringida.

Si se tratara de una cuestión electoral, o relativa a organizaciones políticas, será competente la justicia electoral.

El amparo no podrá promoverse en la tramitación de causas judiciales ni contra actos de órganos judiciales ni en el proceso de formación, sanción y promulgación de las leyes.

La ley reglamentará el respectivo procedimiento. Las sentencias recaídas en el amparo no causarán estado.

Artículo 135. Del Hábeas Data

Toda persona puede acceder a la información y a los datos que sobre sí misma, o sobre sus bienes, obren en registros oficiales o privados de carácter público, así como conocer el uso que se haga de los mismos y de su finalidad.

Podrá solicitar ante el magistrado competente la actualización, la rectificación o la destrucción de aquellos, si fuesen erróneos o afectaran ilegítimamente sus derechos.

Artículo 136. De la competencia y de la responsabilidad de los magistrados

Ningún magistrado judicial que tenga competencia podrá negarse a entender en las acciones o recursos previstos en los artículos anteriores; si lo hiciese injustificadamente, será enjuiciado y, en su caso, removido.

En las decisiones que dicte, el magistrado judicial deberá pronunciarse también sobre las responsabilidades en que hubieran incurrido las autoridades por obra del proceder ilegítimo y, de mediar circunstancias que prima facie evidencien la perpetración de delito, ordenará la detención o suspensión de los responsables, así como toda medida cautelar que sea procedente para la mayor efectividad de dichas responsabilidades. Asimismo, si tuviese competencia, instruirá el sumario pertinente y dará intervención al Ministerio público; si no

la tuviese, pasará los antecedentes al magistrado competente
para su prosecución.

Parte II. DEl ordenamiento político de la República

Título I. De la nación y del estado

Capítulo I. De las declaraciones generales

Artículo 137. De la supremacía de la Constitución
La ley suprema de la República es la Constitución. Esta, los tratados, convenios y acuerdos internacionales aprobados y ratificados, las leyes dictadas por el Congreso y otras disposiciones jurídicas de inferior jerarquía, sancionadas en consecuencia, integran el derecho positivo nacional en el orden de prelación enunciado.

Quienquiera que intente cambiar dicho orden, al margen de los procedimientos previstos en esta Constitución, incurrirá en los delitos que se tipificaran y penaran en la ley.

Esta Constitución no perderá su vigencia ni dejará de observarse por actos de fuerza o fuera derogada por cualquier otro medio distinto del que ella dispone.

Carecen de validez todas las disposiciones o actos de autoridad opuestos a lo establecido en esta Constitución.

Artículo 138. De la validez del orden jurídico
Se autoriza a los ciudadanos a resistir a dichos usurpadores, por todos los medios a su alcance. En la hipótesis de que esa persona o grupo de personas, invocando cualquier principio o representación contraria a esta Constitución, detenten el poder público, sus actos se declaran nulos y sin ningún valor, no vinculantes y, por lo mismo, el pueblo en ejercicio de su derecho de resistencia a la opresión, queda dispensado de su cumplimiento.

Los estados extranjeros que, por cualquier circunstancia, se relacionen con tales usurpadores, no podrán invocar ningún pacto, tratado ni acuerdo suscrito o autorizado por el gobierno usurpador, para exigirlo posteriormente como obligación o compromiso de la República del Paraguay.

Artículo 139. De los símbolos

Son símbolos de la República del Paraguay:
1) el pabellón de la República;
2) El sello nacional, y
3) el himno nacional.

La ley reglamentará las características de los símbolos de la República no previstos en la resolución del Congreso General Extraordinario del 25 de noviembre de 1842, determinando su uso.

Artículo 140. De los idiomas

El Paraguay es un país pluricultural y bilingüe.

Son idiomas oficiales el castellano y el guaraní. La ley establecerá las modalidades de utilización de uno y otro.

Las lenguas indígenas, así como las de otras minorías, forman parte del patrimonio cultural de la Nación.

Capítulo II. De las relaciones internacionales

Artículo 141. De los tratados internacionales

Los tratados internacionales válidamente celebrados, aprobados por ley del Congreso, y cuyos instrumentos de ratificación fueran canjeados o depositados, forman parte del ordenamiento legal interno con la jerarquía que determina el

Artículo 137.

Artículo 142. De la denuncia de los tratados
Los tratados internacionales relativos a los derechos humanos no podrán ser denunciados sino por los procedimientos que rigen para la enmienda de esta Constitución.

Artículo 143. De las relaciones internacionales
La República del Paraguay, en sus relaciones internacionales, acepta el derecho internacional y se ajusta a los siguientes principios:
   1) la independencia nacional;
   2) la autodeterminación de los pueblos;
   3) la igualdad jurídica entre los Estados;
   4) la solidaridad y la cooperación internacional;
   5) la protección internacional de los derechos humanos;
   6) la libre navegación de los ríos internacionales;
   7) la no intervención, y
   8) la condena a toda forma de dictadura, colonialismo e imperialismo.

Artículo 144. De la renuncia a la guerra
La República de Paraguay renuncia a la guerra, pero sustenta el principio de la legítima defensa. Esta declaración es compatible con los derechos y obligaciones del Paraguay en su carácter de miembro de la Organización de las Naciones Unidades y de la Organización de Estados Americanos, o como parte en tratados de integración.

Artículo 145. Del orden jurídico supranacional

La República del Paraguay, en condiciones de igualdad con otros estados, admite un orden jurídico supranacional que garantice la vigencia de los derechos humanos, de la paz, de justicia, de la cooperación y del desarrollo en lo político, económico, social y cultural.

Dichas decisiones solo podrán adoptarse por mayoría absoluta de cada Cámara del Congreso.

Capítulo III. De la nacionalidad y de la ciudadanía

Artículo 146. De la nacionalidad natural

Son de nacionalidad paraguaya natural:

1) las personas nacidas en el territorio de la República;

2) los hijos de madre o padre paraguayo quienes, hallándose uno o ambos al servicio de la República, nazcan en el extranjero;

3) los hijos de madre o padre paraguayo nacidos en el extranjero, cuando aquellos se radiquen en la República en forma permanente, y

4) los infantes de padres ignorados, recogidos en el territorio de la República. La formalización del derecho consagrado en el inciso 3) se efectuará por simple declaración del interesado, cuando este sea mayor de dieciocho años. Sino los hubiese cumplido aun, la declaración de su representante legal tendrá validez hasta dicha edad, quedando sujeta a ratificación por el interesado.

Artículo 147. De la no privación de la nacionalidad
natural

Ningún paraguayo natural será privado de su nacionalidad, pero podrá renunciar voluntariamente a ella.

Artículo 148. De la nacionalidad por naturalización

Los extranjeros podrán obtener la nacionalidad paraguaya por naturalización si reúnen los siguientes requisitos:

1) mayoría de edad;

2) radicación mínima de tres años en territorio nacional;

3) ejercicio regular en el país de alguna profesión, oficio, ciencia, arte o industria, y

4) buena conducta, definida en la ley.

Artículo 149. De la nacionalidad múltiple

La nacionalidad múltiple podrá ser admitida mediante tratado internacional o por reciprocidad de rango constitucional entre los estados del natural de origen y del de adopción.

Artículo 150. De la perdida de la nacionalidad

Los paraguayos naturalizados pierden la nacionalidad en virtud de ausencia injustificada de la República por más de tres años, declarada judicialmente, o por adquisición voluntaria de otra nacionalidad.

Artículo 151. De la nacionalidad honoraria

Podrán ser distinguidos con la nacionalidad honoraria, por ley del Congreso, los extranjeros que hubiesen prestado servicios eminentes a la República.

Artículo 152. De la ciudadanía

Son ciudadanos:

1) toda persona de nacionalidad paraguaya natural, desde los dieciocho años de edad, y

2) toda persona de nacionalidad paraguaya por naturalización, después de dos años de haberla obtenido.

Artículo 153. De la suspensión del ejercicio de la ciudadanía

Se suspende el ejercicio de la ciudadanía:

1) por la adopción de otra nacionalidad, salvo reciprocidad internacional;

2) por incapacidad declarada en juicio, que impida obra libremente y con discernimiento, y

3) cuando la persona se hallara cumpliendo condena judicial con pena privativa de libertad. La suspensión de la ciudadanía concluye al cesar legalmente la causa que la determina.

Artículo 154. De la competencia exclusiva del Poder Judicial

La ley establecerá las normas sobre adquisición, recuperación y opción de la nacionalidad, así como sobre la suspensión de la ciudadanía.

El Poder Judicial tendrá competencia exclusiva para entender en estos casos.

Capítulo VI. Del ordenamiento territorial de la República

Sección I. De las Disposiciones generales

Artículo 155. Del territorio, de la soberanía y de la
inenajenabilidad

El territorio nacional jamás podrá ser cedido, transferido, arrendado, ni en forma alguna enajenado, aun temporalmente, a ninguna potencia extranjera. Los Estados que mantengan relaciones diplomáticos con la República, así como los organismos internacionales de los cuales ella forme parte, solo podrán adquirir los inmuebles necesarios para la sede de sus representaciones, de acuerdo con las prescripciones de la ley. En estos casos, quedará siempre a salvo la soberanía nacional sobre el suelo.

Artículo 156. De la estructura política y la
administrativa

A los efectos de la estructuración política y administrativa del Estado, el territorio nacional se divide en departamentos, municipios y distritos, los cuales, dentro de los límites de esta Constitución y de las leyes, gozan de autonomía política, administrativa y normativa para la gestión de sus intereses, y de autarquía en la recaudación e inversión de sus recursos.

Artículo 157. De la Capital

La Ciudad de Asunción es la Capital de la República y asiento de los poderes del Estado. Se constituye en Municipio, y en independiente de todo Departamento. La ley fijará sus límites.

Artículo 158. De los servicios nacionales

La creación y el funcionamiento de servicios de carácter nacional en la jurisdicción de los departamentos y de los municipios, serán autorizados por ley.

Podrán establecerse igualmente servicios departamentales, mediante acuerdos entre los respectivos departamentos y municipios.

Artículo 159. De los departamentos y municipios

La creación, la fusión o la modificación de los departamentos y sus capitales, los municipios y los distritos, en sus casos, serán determinadas por la ley, atendiendo a las condiciones socioeconómicas, demográficas, ecológicas, culturales e históricas de los mismos.

Artículo 160. De las regiones

Los departamentos podrán agruparse en regiones para el mejor desarrollo de sus respectivas comunidades. Su constitución y su funcionamiento serán regulados por la ley.

Sección II. De los departamentos

Artículo 161. Del gobierno departamental

El gobierno de cada departamento será ejercido por un gobernador y por una junta departamental. Serán electos por voto directo de los ciudadanos radicados en los respectivos departamentos, en comicios coincidentes con las elecciones generales, y durarán cinco años en sus funciones.

El gobernador representa al Poder Ejecutivo en la ejecución de la política nacional. No podrá ser reelecto.

La ley determinará la composición y las funciones de las juntas departamentales.

Artículo 162. De los requisitos

Para ser gobernador se requiere:
1) ser paraguayo natural;

2) tener treinta años cumplidos, y

3) ser nativo del departamento, o con radicación en el mismo por un año cuanto menos. En el caso de que el candidato no sea oriundo del departamento, deberá estar radicado en él durante cinco años como mínimo. Ambos plazos se contarán inmediatamente antes de las elecciones.

4) las inhabilidades para candidatos a gobernadores serán las mismas que para Presidente y Vicepresidente de la República.

Para ser miembro de la junta departamental rigen los mismos requisitos establecidos para cargo de gobernador, con excepción de la edad, que deberá ser la de veinticinco años cumplidos.

Artículo 163. De la competencia

Es de competencia del gobierno departamental:

1) coordinar sus actividades con las de las distintas municipalidades del departamento; organizar los servicios departamentales comunes, tales como obras públicas, provisión de energía, de agua potable y los demás que afecten conjuntamente a más de un Municipio, así como promover las asociaciones de cooperación entre ellos;

2) preparar el plan de desarrollo departamental, que deberá coordinarse con el Plan Nacional de Desarrollo, y elaborar la formulación presupuestaria anual, a considerarse en el Presupuesto General de la Nación;

3) coordinar la acción departamental con las actividades del gobierno central, en especial lo relacionado con las oficinas de carácter nacional del departamento primordialmente en el ámbito de la salud y en el de la educación;

4) disponer la integración de los Consejos de Desarrollo Departamental, y

5) las demás competencias que fijen esta Constitución y la ley.

Artículo 164. De los recursos

Los recursos de la administración departamental son:

1) la porción correspondiente de impuestos, tasas y contribuciones que se definan y regulen por esta Constitución y por la ley;

2) las asignaciones o subvenciones que les destine el Gobierno nacional;

3) las rentas propias determinadas por ley, así como las donaciones y los legados, y

4) los demás recursos que fije la ley.

Artículo 165. De la intervención

Los departamentos y las municipalidades podrán ser intervenidos por el Poder Ejecutivo, previo acuerdo de la Cámara de Diputados, en los siguientes casos:

1) a solicitud de la junta departamental o de la municipal, por decisión de la mayoría absoluta;

2) por desintegración de la junta departamental o de la municipal, que imposibilite su funcionamiento, y

3) por grave irregularidad en la ejecución del presupuesto o en la administración de sus bienes, previo dictamen de la Contraloría General de la República.

La intervención no se prolongará por más de noventa días, y si de ella resultase la existencia del caso previsto en el inciso 3), la Cámara de Diputados, por mayoría absoluta, podrá destituir al gobernador o al intendente, o a la junta departamental o a la municipal, debiendo el Tribunal Superior de Justicia Electoral convocar a nuevos comicios para constituir las autoridades que reemplacen a las que hayan cesado en sus funciones, dentro de los noventa días siguientes a la resolución dictada por la Cámara de Diputados.

Sección III. De los municipios

Artículo 166. De la autonomía

Las municipalidades son los órganos de gobierno local con personería jurídica que, dentro de su competencia, tienen autonomía política, administrativa y normativa, así como autarquía en la recaudación e inversión de sus recursos.

Artículo 167. Del gobierno municipal

El gobierno de los municipios estará a cargo de un intendente y de una junta municipal, los cuales serán electos en sufragio directo por las personas habilitados legalmente.

Artículo 168. De las atribuciones

1) la libre gestión en materias de su competencia, particularmente en las de urbanismo, ambiente, abasto, educación, cultura, deporte, turismo, asistencia sanitaria y social, instituciones de crédito, cuerpos de inspección y de policía;

2) la administración y la disposición de sus bienes;

3) la elaboración de su presupuesto de ingresos y egresos;

4) la participación en las rentas nacionales;

5) la regulación del monto de las tasas retributivas de servicios efectivamente prestados, no pudiendo sobrepasar el costo de los mismos;

6) el dictado de ordenanzas, reglamentos y resoluciones;

7) el acceso al crédito privado y al crédito público, nacional e internacional;

8) la reglamentación y la fiscalización del tránsito, del transporte público y la de otras materias relativas a la circulación de vehículos, y

9) las demás atribuciones que fijen esta Constitución y la ley.

Artículo 169. Del impuesto inmobiliario
Corresponderá a las municipalidades y a los departamentos la totalidad de los tributos que graven la propiedad inmueble en forma directa. Su recaudación será competencia de las municipalidades. El setenta por ciento de lo recaudado por cada Municipalidad quedará en propiedad de la misma, el quince por ciento en la del departamento respectivo y el quince por ciento restante será distribuido entre las municipalidades de menores recursos, de acuerdo con la ley.

Artículo 170. De la protección de recursos
Ninguna institución del estado, ente autónomo, autárquico o descentralizado podrá apropiarse de ingresos o rentas de las municipalidades.

Artículo 171. De las categorías y de los regímenes
Las diferentes categorías y regímenes de municipalidades serán establecidos por ley, atendiendo a las condiciones de población, de desarrollo económico, de situación geográfica, ecológica, cultural, histórica y a otros factores determinantes de su desarrollo.

Las municipalidades podrán asociarse entre sí para encarar en común la realización de sus fines y, mediante ley, con municipalidades de otros países.

Capítulo V. De la Fuerza pública

Artículo 172. De la composición
La Fuerza pública está integrada, en forma exclusiva, por las fuerzas militares y policiales.

Artículo 173. De las Fuerzas Armadas
Las Fuerzas Armadas de la Nación constituyen una institución nacional que será organizada con carácter permanente, profesional, no deliberante, obediente, subordinada a los poderes del Estado y sujeta a las disposiciones de esta Constitución y de las leyes. Su misión es la de custodiar la integridad territorial y la de defender a las autoridades legítimamente constituidas, conforme con esta Constitución y las leyes. Su organización y sus efectivos serán determinados por la ley.

Los militares en servicio activo ajustarán su desempeño a las leyes y reglamentos, y no podrán afiliarse a partido o a movimiento político alguno, ni realizar ningún tipo de actividad política.

Artículo 174. De los tribunales militares
Los tribunales militares solo juzgarán delitos y faltas de carácter militar, calificados como tales por la ley, y cometidos por militares en servicio activo. Sus fallos podrán ser recurridos ante la justicia ordinaria. Cuando se trate de un acto previsto y penado, tanto por la ley penal común como por la ley penal militar, no será considerado como delito militar, salvo que hubiese sido cometido por un militar en servicio activo y en ejercicio de funciones castrenses. En caso de duda de si el delito es común o militar, se lo considerará como deli-

to común. Solo en caso de conflicto armado internacional, y en la forma dispuesta por la ley, estos tribunales podrán tener jurisdicción sobre personas civiles y sobre militares retirados.

Artículo 175. De la Policía Nacional

La Policía Nacional es una institución profesional, no deliberante, obediente, organizada con carácter permanente y en dependencia jerárquica del órgano del Poder Ejecutivo encargado de la seguridad interna de la Nación. Dentro del marco de esta Constitución y de las leyes, tiene la misión de preservar el orden público legalmente establecido, así como los derechos y la seguridad de las personas y entidades y de sus bienes; ocuparse de la prevención de los delitos; ejecutar los mandatos de la autoridad competente y, bajo dirección judicial, investigar los delitos. La ley reglamentará su organización y sus atribuciones.

El mando de la Policía Nacional será ejercido por un oficial superior de su cuadro permanente. Los policías en servicio activo no podrán afiliarse a partido o a movimiento político alguno, ni realizar ningún tipo de actividad política.

La creación de cuerpos de policía independiente podrá ser establecida por ley, la cual fijará sus atribuciones y respectivas competencias, en el ámbito municipal y en el de los otros poderes del Estado.

Capítulo VI. De la política económica del Estado

Sección I. Del desarrollo económico nacional

Artículo 176. De la política económica y de la promoción del desarrollo

La política económica tendrá como fines fundamentalmente la promoción del desarrollo económico, social y cultural.

El Estado promoverá el desarrollo económico mediante la utilización racional de los recursos disponibles, con el objeto de impulsar un crecimiento ordenado y sostenido de la economía, de crear nuevas fuentes de trabajo y de riqueza, de acrecentar el patrimonio nacional y de asegurar el bienestar de la población. El desarrollo se fomentará con programas globales que coordinen y orienten la actividad económica nacional.

Artículo 177. Del carácter de los planes de desarrollo

Los planes nacionales de desarrollo serán indicativos para el sector privado, y de cumplimiento obligatorio para el sector público.

Sección II. De la organización financiera

Artículo 178. De los recursos del Estado

Para el cumplimiento de sus fines, el Estado establece impuestos, tasas, contribuciones y demás recursos; explota por sí, o por medio de concesionarios, los bienes de su dominio privado, sobre los cuales determina regalías, royalties, compensaciones u otros derechos, en condiciones justas y convenientes para los intereses nacionales; organiza la explotación de los servicios públicos y percibe el canon de los derechos que se estatuyan; contrae empréstitos internos o internacionales destinados a los programas nacionales de desarrollo;

regula el sistema financiero del país, y organiza, fija y compone el sistema monetario.

Artículo 179. De la creación de tributos

Todo tributo, cualquiera sea su naturaleza o denominación, será establecido exclusivamente por la ley, respondiendo a principios económicos y sociales justos, así como a políticas favorables al desarrollo nacional.

Es también privativo de la ley determinar la materia imponible, los sujetos obligados y el carácter del sistema tributario.

Artículo 180. De la doble imposición

No podrá ser objeto de doble imposición el mismo hecho generador de la obligación tributaria. En las relaciones internacionales, el Estado podrá celebrar convenios que eviten la doble imposición, sobre la base de reciprocidad.

Artículo 181. De la igualdad del tributo

La igualdad es la base del tributo. Ningún impuesto tendrá carácter confiscatorio. Su creación y su vigencia atenderán a la capacidad contributiva de los habitantes y a las condiciones generales de la economía del país.

Título II. De la estructura y de la organización del estado

Capítulo I. Del Poder Legislativo

Sección I. De las Disposiciones generales

Artículo 182. De la composición
El Poder Legislativo será ejercido por el Congreso, compuesto de una Cámara de Senadores y otra de Diputados.

Los miembros titulares y suplentes de ambas Cámaras serán elegidos directamente por el pueblo, de conformidad con la ley.

Los miembros suplentes sustituirán a los titulares en caso de muerte, renuncia o inhabilidad de estos, por el resto del periodo constitucional o mientras dure la inhabilidad, si ella fuese temporal. En los demás casos, resolverá el reglamento de cada Cámara.

Artículo 183. De la reunión en Congreso
Solo ambas Cámaras, reunidas en Congreso, tendrán los siguientes deberes y atribuciones:

1) recibir el juramento o promesa, al asumir el cargo, del Presidente de la República, del Vicepresidente, y de los miembros de la Corte Suprema de Justicia;

2) conceder o denegar al Presidente de la República el permiso correspondiente, en los casos previstos por esta Constitución;

3) autorizar la entrada de fuerzas armadas extranjeras al territorio de la República y la salida al exterior de las nacionales, salvo casos de mera cortesía;

4) recibir a Jefes de Estado o de Gobierno de otros países y

5) los demás deberes y atribuciones que fije esta Constitución.

El Presidente de la Cámara de Senadores y el de la Cámara de Diputados presidirán las reuniones el Congreso en carácter de Presidente y Vicepresidente, respectivamente.

Artículo 184. De las sesiones

Ambas cámaras del Congreso se reunirán anualmente en sesiones ordinarias, desde el primero de julio de cada año hasta el 30 de junio siguiente con un periodo de receso desde el veintiuno de diciembre al primero de marzo, fecha esta en la que rendirá su informe el Presidente de la República. Las dos cámaras se convocarán a sesiones extraordinarias o prorrogarán sus sesiones por decisión de la cuarta parte de los miembros de cualquiera de ellas, por resolución de los dos tercios de integrantes de la Comisión Permanente del Congreso, o por decreto del Poder Ejecutivo. El Presidente del Congreso o el de la Comisión Permanente deberán convocarlas en el término perentorio de cuarenta y ocho horas.

Las prorrogas de sesiones serán efectuadas del mismo modo. Las extraordinarias se convocarán para tratar un orden del día determinado, y se clausurarán una vez que este haya sido agotado.

Artículo 185. De las sesiones conjuntas

Las Cámaras sesionarán conjuntamente en los casos previstos en esta Constitución o en el Reglamento del Congreso, donde se establecerán las formalidades necesarias.

El quorum legal se formará con la mitad más uno del total de cada Cámara. Salvo los casos en que esta Constitución establece mayorías calificadas, las decisiones se tomarán por simple mayoría de votos de los miembros presentes.

Para las votaciones de las Cámaras del Congreso se entenderá por simple mayoría la mitad más uno de los miembros presentes; por mayoría de dos tercios, las dos terceras partes de los miembros presentes; por mayoría absoluta, el quorum legal, y por mayoría absoluta de dos tercios, las dos terceras partes del número total de miembros de cada Cámara.

Las disposiciones previstas en este **Artículo** se aplicarán también a las sesiones de ambas Cámaras reunidas en Congreso.

El mismo régimen de quorum y mayorías se aplicará a cualquier órgano colegiado electivo previsto por esta Constitución.

Artículo 186. De las comisiones

Las cámaras funcionarán en pleno y en comisiones unicamerales o bicamerales.

Todas las comisiones se integrarán, en lo posible, proporcionalmente, de acuerdo con las bancadas representadas en las Cámaras.

Al inicio de las sesiones anuales de la legislatura, cada Cámara designará las comisiones asesoras permanentes. Estas podrán solicitar informes u opiniones de personas y entidades públicas o privadas, a fin de producir sus dictámenes o de facilitar el ejercicio de las demás facultades que corresponden al Congreso.

Artículo 187. De la elección y de la duración

Los senadores y diputados titulares y suplentes serán elegidos en comicios simultáneos con los presidenciales.

Los legisladores durarán cinco años en su mandato, a partir del primero de julio y podrán ser reelectos.

Las vacancias definitivas o temporarias de la Cámara de Diputados serán cubiertas por los suplentes electos en el mismo departamento, y las de la Cámara de Senadores por los suplentes de la lista proclamada por la Justicia Electoral.

Artículo 188. Del juramento o promesa

En el acto de su incorporación a las Cámaras, los senadores y diputados prestarán juramento o promesa de desempeñarse debidamente en el cargo y de obrar de conformidad con lo que prescribe esta Constitución.

Ninguna de las Cámaras podrá sesionar, deliberar o adoptar decisiones sin la presencia de la mayoría absoluta. Un número menor podrá, sin embargo, compeler a los miembros ausentes a concurrir a las sesiones en los términos que establezca cada Cámara.

Artículo 189. De las senadurías vitalicias

Los ex presidentes de la República electos democráticamente, serán senadores vitalicios de la Nación, salvo que hubiesen sido sometidos a juicio político y hallados culpables. No integrarán el quorum. Tendrán voz pero no voto.

Artículo 190. Del Reglamento

Cada Cámara redactará su reglamento. Por mayoría de dos tercios podrá amonestar o apercibir a cualquiera de sus miembros, por inconducta en el ejercicio de sus funciones, y suspenderlo hasta sesenta días sin goce de dieta. Por mayoría absoluta podrá removerlo por incapacidad física o mental, declarada por la Corte Suprema de Justicia. En los casos de renuncia, se decidirá por simple mayoría de votos.

Artículo 191. De las inmunidades

Ningún miembro del Congreso puede ser acusado judicialmente por las opiniones que emita en el desempeño de sus funciones. Ningún Senador o Diputado podrá ser detenido, desde el día de su elección hasta el cese de sus funciones, salvo que fuera hallado en flagrante delito que merezca pena corporal. En este caso, la autoridad interviniente lo pondrá bajo custodia en su residencia, dará cuenta de inmediato del hecho a la Cámara respectiva y al juez competente, a quien remitirá los antecedentes a la brevedad.

Cuando se formase causa contra un Senador o un Diputado ante los tribunales ordinarios, el juez lo comunicará con copia de los antecedentes, a la Cámara respectiva, la cual examinará el mérito del sumario, y por mayoría de dos tercios resolverá si ha lugar o no desafuero, para ser sometido a proceso. En caso afirmativo, le suspenderá en sus fueros.

Artículo 192. Del pedido de informes

Las Cámaras pueden solicitar a los demás poderes del Estado, a los entes autónomos, autárquicos y descentralizados, y a los funcionarios públicos los informes sobre asuntos de interés público que estimen necesario, exceptuando la actividad jurisdiccional.

Los afectados están obligados a responder los pedidos de informe dentro del plazo que se les señale, el cual no podrá ser menor de quince días.

Artículo 193. De la citación y de la interpelación

Cada Cámara, por mayoría absoluta, podrá citar e interpelar individualmente a los ministros y a otros altos funcionarios de la Administración pública, así como a los directores y administradores de los entes autónomos, autárquicos y descentralizados, a los de entidades que administren fondos del Estado y a los de las empresas de participación estatal mayoritaria, cuando se discuta una ley o se estudie un asunto concerniente a sus respectivas actividades. Las preguntas deben comunicarse al citado con una antelación mínima de cinco días, salvo justa causa, será obligatorio para los citados concurrir a los requerimientos, responder a las preguntas y brindar toda la información que les fuese solicitada.

La ley determinará la participación de la mayoría y de la minoría en la formulación de las preguntas.

No se podrá citar, interpelar al Presidente de la República, al Vicepresidente ni a los miembros del Poder Judicial en materia jurisdiccional.

Artículo 194. Del voto de censura
Si el citado no concurriese a la Cámara respectiva, o ella considerara insatisfactorias sus declaraciones, ambas Cámaras, por mayorías absolutas de dos tercios, podrán emitir un voto de censura en su contra y recomendar su remoción del cargo al Presidente de la República o al superior jerárquico.

Si la moción de censura no fuese aprobada, no se presentará otra sobre igual tema respecto al mismo Ministro o funcionario citados, en ese periodo de sesiones.

Artículo 195. De las comisiones de investigación
Ambas Cámaras del Congreso podrán constituir comisiones conjuntas de investigación sobre cualquier asunto de interés público, así como sobre la conducta de sus miembros.

Los directores y administradores de los entes autónomos, autárquicos y descentralizados, los de las entidades que administren fondos del Estado, los de las empresas de participación estatal mayoritaria, los funcionarios públicos y los particulares están obligados a comparecer ante las dos Cámaras y suministrarles la información y las documentaciones que se les requiera. La Ley establecerá las sanciones por el incumplimiento de esta obligación.

El Presidente de la República, el Vicepresidente, los ministros el Poder Ejecutivo y los magistrados judiciales, en materia jurisdiccional, no podrán ser investigados.

La actividad de las comisiones investigadoras no afectará las atribuciones privativas del Poder Judicial, ni lesionará los derechos y garantías consagrados por esta Constitución; sus conclusiones no serán vinculantes para los tribunales ni menoscabarán las resoluciones judiciales, sin perjuicio del resultado de la investigación, que podrá ser comunicado a la justicia ordinaria.

Los jueces ordenarán, conforme a derecho, las diligencias y pruebas que se les requiera a los efectos de la investigación.

Artículo 196. De las incompatibilidades
Podrán ser electos, pero no podrán desempeñar funciones legislativas, los asesores de reparticiones públicas, los funcionarios y los demás empleados a sueldo del Estado o de los municipios, cualquiera sea la denominación con que figuren y el concepto de sus retribuciones, mientras subsista la designación para dichos cargos.

Se exceptúan de las incompatibilidades establecidas en este **Artículo** el ejercicio parcial de la docencia y el de la investigación científica.

Ningún Senador o Diputado puede formar parte de empresas que exploten servicios públicos o tengan concesiones del Estado, ni ejercer la asesoría jurídica o la representación de aquellas, por sí o por interpósita persona.

Artículo 197. De las inhabilidades

No pueden ser candidatos a senadores ni a diputados:

1) los condenados por sentencia firme a penas privativas de libertad, mientras dure la condena;

2) los condenados a penas de inhabilitación para el ejercicio de la función pública, mientras dure aquella;

3) los condenados por la comisión de delitos electorales, por el tiempo que dure la condena;

4) los magistrados judiciales, los representantes del Ministerio público, el Procurador General del Estado, el Defensor del Pueblo, el Contralor General de la República, el Subcontralor, y los miembros de la Justicia Electoral;

5) los ministros o religiosos de cualquier credo;

6) los representantes o mandatarios de empresas, corporaciones o entidades nacionales o extranjeras, que sean concesionarias de servicios estatales, o de ejecución de obras o provisión de bienes al Estado;

7) los militares y policías en servicio activo;

8) los candidatos a Presidente de la República o a Vicepresidente, y

9) los propietarios o copropietarios de los medios de comunicación.

Los ciudadanos afectados por las inhabilidades previstas en los incisos 4), 5), 6), y 7) y deberán cesar en su inhabilidad para ser candidatos noventa días, por lo menos, antes de la fecha de inscripción en sus listas en el Tribunal Superior de Justicia Electoral.

Artículo 198. De la inhabilidad relativa

No podrán ser electos senadores ni diputados los ministros del Poder Ejecutivo; los subsecretarios de Estado; los presidentes de Consejos o administradores generales de los entes descentralizados, autónomos, autárquicos, binacionales o multinacionales, los de empresas con participación estatal mayoritaria, y los gobernadores e intendentes, si no renuncian a sus respectivos cargos y se les acepta las mismas por lo menos noventa días antes de la fecha de las elecciones.

Artículo 199. De los permisos

Los Senadores y Diputados solo podrán aceptar cargos de Ministro o de diplomático. Para desempeñarlos, deberán solicitar permiso a la Cámara respectiva, a la cual podrán reincorporarse al término de aquellas funciones.

Artículo 200. De la elección de autoridades

Cada Cámara constituirá sus autoridades y designará a sus empleados.

Artículo 201. De la pérdida de la investidura

Los senadores y diputados perderán sus investiduras, además de los casos ya previstos, por las siguientes causas:

1) la violación del régimen de las inhabilidades e incompatibilidades previstas en esta Constitución, y

2) el uso indebido de influencias, fehacientemente comprobado.

Los senadores y diputados no estarán sujetos a mandatos imperativos.

Artículo 202. De los deberes y atribuciones

Son deberes y atribuciones del Congreso:

1) velar por la observancia de esta Constitución y de las leyes;

2) dictar los códigos y demás leyes, modificarlos o derogarlos, interpretando esta Constitución;

3) establecer la división política del territorio de la República, así como la organización regional, departamental y municipal;

4) legislar sobre materia tributaria;

5) sancionar anualmente la ley del Presupuesto General de la Nación;

6) dictar la Ley Electoral;

7) determinar el régimen legal de la enajenación y el de adquisición de los bienes fiscales, departamentales y municipales.

8) expedir resoluciones y acuerdos internos, como asimismo formular declaraciones, conforme a sus facultades;

9) aprobar o rechazar los tratados y demás acuerdos internacionales suscritos por el Poder Ejecutivo.

10) aprobar o rechazar la contratación de empréstitos;

11) autorizar, por tiempo determinado, concesiones para la explotación de servicios públicos nacionales, multinacionales o de bienes del Estado, así como para la extracción y transformación de minerales sólidos, líquidos y gaseosos;

12) dictar leyes para la organización de la administración de la República, para la creación de entes descentralizados y para el ordenamiento del crédito público;

13) expedir leyes de emergencia en los casos de desastre o de calamidad pública;

14) recibir el juramento o promesa constitucional del Presidente de la República, el del Vicepresidente y el de los demás funcionarios, de acuerdo con lo establecido en esta Constitución;

15) recibir del Presidente de la República, un informe sobre la situación general del país, sobre su administración y

sobre los planes de gobierno; en la forma dispuesta en esta Constitución;

16) aceptar o rechazar la renuncia del Presidente de la República y la del Vicepresidente;

17) prestar los acuerdos y efectuar los nombramientos que esta Constitución prescribe, así como las designaciones de representantes del Congreso en otros órganos del Estado;

18) conceder amnistías;

19) decidir el traslado de la Capital de la República a otro punto del territorio nacional, por mayoría absoluta de dos tercios de los miembros de cada Cámara;

20) aprobar o rechazar, en todo o en parte y previo informe de la Contraloría General de la República, el detalle y la justificación de los ingresos y egresos de las finanzas públicas sobre la ejecución presupuestaria;

21) reglamentar la navegación fluvial, la marítima, la aérea y la espacial, y

22) las demás atribuciones que fije esta Constitución.

Sección II. De la formación y la sanción de las leyes

Artículo 203. Del origen y de la iniciativa
Las leyes pueden tener origen en cualquiera de las Cámaras del Congreso, a propuesta de sus miembros; a proposición del Poder Ejecutivo; a iniciativa popular o a la de la Corte Suprema de Justicia, en los casos y en las condiciones previstas en esta Constitución y en la ley.

Las excepciones en cuanto al origen de las leyes a favor de una u otra Cámara o del Poder Ejecutivo son, en exclusividad, las establecidas expresamente en esta Constitución.

Todo proyecto de ley será presentado con una exposición de motivos.

Artículo 204. De la aprobación y la promulgación de los proyectos

Aprobado un proyecto de ley por la Cámara de origen, pasará inmediatamente para su consideración a la otra Cámara. Si esta, a su vez, lo aprobase, el proyecto quedará sancionado y, si el Poder Ejecutivo le prestara su aprobación, lo promulgará como ley y dispondrá su publicación dentro de los cinco días.

Artículo 205. De la promulgación automática

Se considerará aprobado por el Poder Ejecutivo todo proyecto de ley que no fuese objetado ni devuelto a la Cámara de origen en el plazo de seis días hábiles, si el proyecto contiene hasta diez artículos; de doce días hábiles, si el proyecto contiene de doce a veinte artículos, y de veinte días hábiles si los artículos son más de veinte. En todos estos casos, el proyecto quedará automáticamente promulgado y se dispondrá su publicación.

Artículo 206. Del procedimiento para el rechazo total

Cuando un proyecto de ley, aprobado por una de las Cámaras, fuese rechazado totalmente por la otra, volverá a aquella para una nueva consideración, Cuando la Cámara de origen se ratificase por mayoría absoluta, pasará de nuevo a la revisora, la cual solo podrá volver a rechazarlo por mayoría absoluta de dos tercios y, de no obtenerla, se reputará sancionado el proyecto.

Artículo 207. Del procedimiento para la modificación parcial

Un proyecto de ley aprobado por la Cámara de origen, que haya sido parcialmente modificado por la otra, pasará a la primera, donde solo se discutirá cada una de las modificaciones hechas por la revisora.

Para estos casos, se establece lo siguiente:

1) si todas las modificaciones se aceptasen, el proyecto quedará sancionado;

2) si todas las modificaciones se rechazasen por mayoría absoluta, pasarán de nuevo a la Cámara revisora y, si esta se ratificase en su sanción anterior por mayoría absoluta, el proyecto quedará sancionado; si no se ratificase, quedará sancionado el proyecto aprobado por la Cámara de origen, y

3) si parte de las modificaciones fuesen aceptadas y otras rechazadas, el proyecto pasará nuevamente a la cámara revisora, donde solo se discutirán en forma global las modificaciones rechazadas, y si se aceptasen por mayoría absoluta, o se las rechacen, el proyecto quedará sancionado en la forma resuelta por ella. El proyecto de ley sancionado, con cualquiera de las alternativas previstas en este **Artículo**, pasará al Poder Ejecutivo para su promulgación.

Artículo 208. De la objeción parcial

Un proyecto de ley, parcialmente objetado por el Poder Ejecutivo, será devuelto a la Cámara de origen para su estudio y pronunciamiento sobre las objeciones. Si esta Cámara las rechazara por mayoría absoluta, el proyecto pasará a la Cámara revisora, donde seguirá igual trámite. Si esta también rechazara dichas objeciones por la misma mayoría, la sanción primitiva quedará confirmada, y el Poder Ejecutivo lo promulgará y lo publicará. Si las Cámaras desistieran sobre las objeciones, el proyecto no podrá repetirse en las sesiones de ese año.

Las objeciones podrán ser total o parcialmente aceptadas o rechazadas por ambas Cámaras del Congreso. Si las objeciones fueran total o parcialmente aceptadas, ambas Cámaras podrán decidir, por mayoría absoluta, la sanción de la parte no objetada del proyecto de ley, en cuyo caso este deberá ser promulgado y publicado por el Poder Ejecutivo.

Las objeciones serán tratadas por la Cámara de origen dentro de lo sesenta días de su ingreso a la misma, y en idéntico plazo por la Cámara revisora.

Artículo 209. De la objeción total

Si un proyecto de ley fuese rechazado totalmente por el Poder Ejecutivo, volverá a la Cámara de origen, la cual lo discutirá nuevamente. Si esta confirmara la sanción inicial por mayoría absoluta, pasará a la cámara revisora; si esta también lo aprobase por igual mayoría, el Poder Ejecutivo lo promulgará y publicará. Si las Cámaras disintieran sobre el rechazo total, el proyecto no podrá repetirse en las sesiones de ese año.

Artículo 210. Del tratamiento de urgencia

El Poder Ejecutivo podrá solicitar el tratamiento urgente de proyectos de ley que envíe al Congreso. En estos casos, el proyecto será tratado por la Cámara de origen dentro de los treinta días de su recepción, y por la revisora en los treinta días siguientes. El proyecto se tendrá por aprobado si no se lo rechazara dentro de los plazos señalados.

El tratamiento de urgencia podrá ser solicitado por el Poder Ejecutivo aun después de la remisión del proyecto, o en cualquier etapa de su trámite. En tales casos, el plazo empezará a correr desde la recepción de la solicitud.

Cada Cámara, por mayoría de dos tercios, podrá dejar sin efecto, en cualquier momento, el trámite de urgencia, en cuyo caso el ordinario se aplicará a partir de ese momento.

El Poder Ejecutivo, dentro del periodo legislativo ordinario, podrá solicitar al Congreso únicamente tres proyectos de ley de tratamiento urgente, salvo que la Cámara de origen, por mayoría de dos tercios acepte dar dicho tratamiento a otros proyectos.

Artículo 211. De la sanción automática

Un proyecto de ley presentado en una Cámara u otra, y aprobado por la Cámara de origen en las sesiones ordinarias, pasará a la Cámara revisora, la cual deberá despacharlo dentro del término improrrogable de tres meses, cumplido el cual, y mediando comunicación escrita del Presidente de la Cámara de origen a la Cámara revisora, se reputará que esta le ha prestado su voto favorable, pasando al Poder Ejecutivo para su promulgación y publicación. El término indicado quedará interrumpido desde el veintiuno de diciembre hasta el primero de marzo. La Cámara revisora podrá despachar el proyecto de ley en el siguiente periodo de sesiones ordinarias, siempre que lo haga dentro del tiempo que resta para el vencimiento del plazo improrrogable de tres meses.

Artículo 212. Del retiro o del desistimiento

El Poder Ejecutivo podrá retirar del Congreso los proyectos de ley que hubiera enviado, o desistir de ellos, salvo que estuviesen aprobados por la Cámara de origen.

Artículo 213. De la publicación

La ley no obliga sino en virtud de su promulgación y su publicación. Si el Poder Ejecutivo no cumpliese el deber de hacer publicar las leyes en los términos y en las condiciones que esta Constitución establece, el Presidente del Congreso o, en su defecto, el Presidente de la Cámara de Diputados, dispondrá su publicación.

Artículo 214. De las fórmulas

La fórmula que se usará en la sanción de las leyes es: «El Congreso de la Nación paraguaya sanciona con fuerza de ley». Para la promulgación de las mismas, la fórmula es «Téngase por ley de la República, publíquese e insértese en el Registro Oficial».

Artículo 215. De la comisión delegada

Cada Cámara, con el voto de la mayoría absoluta, podrá delegar en comisiones el tratamiento de proyectos de ley, de resoluciones y de declaraciones. Por simple mayoría, podrá retirarlos en cualquier estado antes de la aprobación, rechazo o sanción por la comisión.

No podrán ser objeto de delegación el Presupuesto General de la Nación, los códigos, los tratados internacionales, los proyectos de ley de carácter tributario y castrense, los que tuviesen relación con la organización de los poderes del estado y los que se originasen en la iniciativa popular.

Artículo 216. Del Presupuesto General de la Nación

El proyecto de ley del Presupuesto General de la Nación será presentado anualmente por el Poder Ejecutivo, a más tardar el primero de setiembre, y su consideración por el Congreso tendrá prioridad absoluta. Se integrará una comisión bicameral, la cual, recibido el proyecto, lo estudiará y presentará dictamen a sus respectivas Cámaras en un plazo no mayor de sesenta días corridos. Recibidos los dictámenes, la Cámara de Diputados se abocará al estudio del proyecto en sesiones plenarias y deberá despacharlo en un plazo no mayor de quince días corridos. La Cámara de Senadores dispondrá de igual plazo para el estudio del proyecto, con las modificaciones introducidas por la Cámara de Diputados y, si las aprobase, el mismo quedará sancionado. En caso contrario, el proyecto volverá con las objeciones a la otra Cámara, la cual se expedirá dentro del plazo de diez días corridos, exclusivamente sobre los puntos discrepantes del Senado, procediéndose en la forma prevista en el art. 208, inciso 1), 2), y 3), siempre dentro del plazo de diez días corridos.

Todos los plazos establecidos en este **Artículo** son perentorios, y la falta de despacho de cualquiera de los proyectos se entenderá como aprobación. Las Cámaras podrán rechazar totalmente el proyecto presentado a su estudio por el Poder Ejecutivo, solo por mayoría absoluta de dos tercios en cada una de ellas.

Artículo 217. De la vigencia del presupuesto
Si el Poder Ejecutivo, por cualquier razón, no hubiese presentado al Poder Legislativo el proyecto de Presupuesto General de la Nación dentro de los plazos establecidos, o el mismo fuera rechazado conforme con el **Artículo** anterior, seguirá vigente el Presupuesto del ejercicio Fiscal en curso.

Sección III. De la Comisión Permanente del Congreso

Artículo 218. De la conformación

Quince días antes de entrar en receso, cada Cámara designará por mayoría absoluta a los senadores y a los diputados quienes, en número de seis y doce como titulares y tres y seis como suplentes, respectivamente, conformarán la Comisión Permanente del Congreso, la cual ejercerá sus funciones desde el comienzo del periodo de receso del Congreso hasta el reinicio de las sesiones ordinarias.

Reunidos los miembros titulares de la Comisión Permanente, designarán Presidente y demás autoridades, y de ello se dará aviso escrito a los otros Poderes del Estado.

Artículo 219. De los deberes y de las atribuciones

Son deberes y atribuciones de la Comisión Permanente del Congreso:

1) Velar por la observancia de esta Constitución y de las leyes;

2) dictar su propio reglamento;

3) convocar a las Cámaras a sesiones preparatorias, con el objeto de que la apertura anual del Congreso se efectúe en tiempo oportuno;

4) convocar y organizar las sesiones extraordinarias de ambas Cámaras, de conformidad con lo establecido en esta Constitución;

5) autorizar al Presidente de la República, durante el receso del Congreso, a ausentarse temporalmente del territorio nacional, en los casos previstos en esta Constitución, y

6) los demás deberes que fije esta Constitución.

Artículo 220. De los informes finales
La Comisión Permanente del Congreso, al término de su actuación, prestará a cada Cámara un informe final de las mismas, y será responsable ante estas de las medidas que hubiese adoptado o autorizado.

Sección IV. De la Cámara de Diputados

Artículo 221. De la composición
La Cámara de Diputados es la Cámara de la representación departamental. Se compondrá de ochenta miembros titulares como mínimo, y de igual número de suplentes, elegidos directamente por el pueblo en colegios electorales departamentales. La ciudad de la Asunción constituirá un Colegio Electoral, con representación en dicha Cámara. Los departamentos serán representados por un diputado titular y suplente, cuanto menos. El Tribunal Superior de Justicia Electoral, antes de cada elección y de acuerdo con el número de electores de cada Departamento, establecerá el número de bancas que corresponda a cada uno de ellos. La ley podrá acrecentar la cantidad de diputados, conforme con el aumento de los electores.

Para ser electo diputado titular o suplente se requieren la nacionalidad paraguaya natural y haber cumplido veinticinco años.

Artículo 222. De las atribuciones exclusivas de la
Cámara de Diputados.
Son atribuciones exclusivas de la Cámara de Diputados:
1) iniciar la consideración de los proyectos de ley relativos a la legislación departamental y a la municipal;

107

2) designar o proponer a los magistrados y funcionarios, de acuerdo a lo que establece esta Constitución y la ley.

3) prestar acuerdo para la intervención de los gobiernos departamentales y municipales, y

3) las demás atribuciones exclusivas que fije esta Constitución.

Sección V. De la Cámara de Senadores

Artículo 223. De la composición

La Cámara de Senadores se compondrá de cuarenta y cinco miembros titulares, como mínimo, y de treinta suplentes, elegidos directamente por el pueblo en una sola circunscripción nacional. La ley podrá acrecentar la cantidad de senadores, conforme con el aumento de los electores.

Para ser electo senador titular o suplente se requieren la nacionalidad paraguaya natural y haber cumplido treinta y cinco años.

Artículo 224. De las atribuciones exclusivas de la
Cámara de Senadores

Son atribuciones exclusivas de la Cámara de Senadores:

1) iniciar la consideración de los proyectos de ley relativos a la aprobación de tratados y de acuerdos internacionales;

2) prestar acuerdo para los ascensos militares y los de la Policía Nacional, desde el grado de Coronel del Ejército o su equivalente en las otras armas y servicios, y desde el de Comisario Principal para la Policía Nacional;

3) prestar acuerdo para la designación de los embajadores y ministros plenipotenciarios en el exterior;

4) designar o proponer a los magistrados y funcionarios de acuerdo con lo que establece esta Constitución.

5) autorizar el envío de fuerzas militares paraguayas permanentes al exterior, así como el ingreso de tropas militares extranjeras al país;

6) prestar acuerdo para la designación del Presidente y de los directores de la Banca Central del Estado;

7) prestar acuerdo para la designación de los directores paraguayos de los entes binacionales,

8) las demás atribuciones exclusivas que fije esta Constitución.

Sección VI. Del juicio político

Artículo 225. Del procedimiento
El Presidente de la República, el Vicepresidente, los ministros del Poder Ejecutivo, los ministros de la Corte Suprema de Justicia, el Fiscal General del Estado, el Defensor del Pueblo, el Contralor General de la República, el Subcontralor y los integrantes del Tribunal Superior de Justicia Electoral, solo podrán ser sometidos a juicio político por mal desempeño de sus funciones, por delitos cometidos en el ejercicio de sus cargos o por delitos comunes.

La acusación será formulada por la Cámara de Diputados, por mayoría de dos tercios. Corresponderá a la Cámara de Senadores, por mayoría absoluta de dos tercios, juzgar en juicio público a los acusados por la Cámara de Diputados y, en su caso, declararlos culpables, al solo efecto de separarlos de sus cargos. En los casos de supuesta comisión de delitos, se pasarán los antecedentes a la justicia ordinaria.

Capítulo II. Del Poder Ejecutivo

Sección I. Del Presidente de la República y del
Vicepresidente

Artículo 226. Del ejercicio del Poder Ejecutivo
El Poder Ejecutivo es ejercido por el Presidente de la República.

Artículo 227. Del Vicepresidente
Habrá un Vicepresidente de la República quien, en caso de impedimento o ausencia temporal del Presidente, o vacancia definitiva de dicho cargo, lo sustituirá de inmediato con todas sus atribuciones.

Artículo 228. De los requisitos
Para ser Presidente de la República o Vicepresidente se requiere:

1) tener nacionalidad paraguaya natural;
2) haber cumplido treinta y cinco años, y
3) estar en pleno ejercicio de sus derechos civiles y políticos.

Artículo 229. De la duración del mandato
El Presidente de la República y el Vicepresidente duraran cinco años improrrogables en el ejercicio de sus funciones, a contar desde el quince de agosto siguiente a las elecciones. No podrán ser reelectos en ningún caso. El Vicepresidente solo podrá ser electo Presidente para el periodo posterior, si hubiese cesado en su cargo seis meses antes de los comicios generales. Quien haya ejercido la Presidencia por más de doce meses, no podrá ser electo Vicepresidente de la República.

Artículo 230. De las elecciones presidenciales

El Presidente de la República y el Vicepresidente serán elegidos conjunta y directamente por el pueblo, por mayoría simple de votos, en comicios generales que se realizarán entre noventa y ciento veinte días antes de expirar el periodo constitucional vigente.

Artículo 231. De la asunción de los cargos

En caso de que, en la fecha en la cual deban asumir sus funciones el Presidente de la República y el Vicepresidente, no hayan sido proclamados en la forma dispuesta por esta Constitución, o fueran anuladas las elecciones, el Presidente cesante entregará el mando al Presidente de la Corte Suprema de Justicia, quien lo ejercerá hasta que se efectúe la transmisión, quedando en suspenso en sus funciones judiciales.

Artículo 232. De la toma de posesión de los cargos

El Presidente de la República y el Vicepresidente tomarán posesión de sus cargos ante el Congreso, prestando el juramento o la promesa de cumplir con fidelidad y patriotismo sus funciones constitucionales. Si el día señalado el Congreso no alcanzara el quorum para reunirse, la ceremonia se cumplirá ante la Corte Suprema de Justicia.

Artículo 233. De las ausencias

El Presidente de la República, o quien lo esté sustituyendo en el cargo, no podrá ausentarse del país sin dar aviso previo al Congreso y a la Corte Suprema de Justicia. Si la ausencia tuviera que ser por más de cinco días, se requerirá la autorización de la Cámara de Senadores. Durante el receso de las Cámaras, la autorización será otorgada por la Comisión Permanente del Congreso.

En ningún caso, el Presidente de la República y el Vicepresidente podrán estar simultáneamente ausentes del territorio nacional.

Artículo 234. De la acefalia

En caso de impedimento o ausencia del Presidente de la República, lo reemplazará el Vicepresidente, y a falta de este y en forma sucesiva, el Presidente del Senado, el de la Cámara de Diputados y el de la Corte Suprema de Justicia.

El Vicepresidente electo asumirá la Presidencia de la República si esta quedase vacante antes o después de la proclamación del Presidente, y la ejercerá hasta la finalización del periodo constitucional.

Si se produjera la vacancia definitiva de la Vicepresidencia durante los tres primeros años del periodo constitucional, se convocará a elecciones para cubrirla. Si la misma tuviese lugar durante los dos últimos años, el Congreso, por mayoría absoluta de sus miembros, designará a quien deba desempeñar el cargo por el resto del periodo.

Artículo 235. De las inhabilidades

Son inhábiles para ser candidatos a Presidente de la República o Vicepresidente:

1) los ministros del Poder Ejecutivos, los viceministros o subsecretarios y los funcionarios del rango equivalente, los directores generales de reparticiones públicas y los presidentes de consejos, directores, gerentes o administradores generales de los entes descentralizados, autárquicos, autónomos, binacionales o multinacionales, y los de empresas con participación estatal mayoritaria;

2) los magistrados judiciales y los miembros del Ministerio público;

3) el defensor del pueblo, el Contralor General de la República y el Subcontralor, el Procurador General de la República, los integrantes del Consejo de la Magistratura y los miembros del Tribunal Superior de Justicia Electoral;

4) Los representantes o mandatarios de empresas, corporaciones o entidades nacionales o extranjeras, que sean concesionarias de servicios estatales, o de ejecución de obras o provisión de bienes al Estado;

5) los ministros de cualquier religión o culto;

6) los intendentes municipales y los gobernadores;

7) los miembros en servicio activo de las Fuerzas Armadas de la Nación y los de la Policía Nacional, salvo que hubieran pasado a retiro un año antes, por lo menos, del día de los comicios generales;

8) los propietarios o copropietarios de los medios de comunicación, y

9) el cónyuge o los parientes dentro del cuarto grado de consanguinidad, o segundo de afinidad, de quien se encuentre en ejercicio de la Presidencia al realizarse la elección, o la haya desempeñado por cualquier tiempo en el año anterior a la celebración de aquella.

En los casos previstos en los incisos 1), 2), 3) y 6), los afectados deben haber renunciado y dejado de ejercer sus respectivos cargos, cuanto menos seis meses antes del día de las elecciones, salvo los casos de vacancia definitiva de la Vicepresidencia.

Artículo 236. De la inhabilidad por atentar contra la Constitución

Los jefes militares o los caudillos civiles de un golpe de Estado, revolución armada o movimientos similares que atenten contra el orden establecido por esta Constitución, y que en consecuencia asuman el poder como Presidente de la República, Vicepresidente, Ministro del Poder Ejecutivo o mando militar propio de oficiales generales, quedan inhabilitados para el ejercicio de cualquier cargo público por dos periodos constitucionales consecutivos, sin perjuicio de sus respectivas responsabilidades civiles y penales.

Artículo 237. De las incompatibilidades

El Presidente de la República y el Vicepresidente no pueden ejercer cargos públicos o privados, remunerados o no, mientras duren en sus funciones. Tampoco pueden ejercer el comercio, la industria o actividad profesional alguna, debiendo dedicarse en exclusividad a sus funciones.

Artículo 238. De los deberes y atribuciones del Presidente de la República

Son deberes y atribuciones de quien ejerce la Presidencia de la República:

1) representar al Estado y dirigir la administración general del país;

2) cumplir y hacer cumplir esta Constitución y las leyes;

3) participar en la formación de las leyes, de conformidad con esta Constitución, promulgadas y hacerlas publicar, reglamentarlas y controlar su cumplimiento;

4) vetar, total o parcialmente, las leyes sancionadas por el congreso, formulando las observaciones u objeciones que estime convenientes;

5) dictar decretos que, para su validez, requieren el refrendo del Ministro del ramo;

6) nombrar y remover por sí a los ministros del Poder Ejecutivo, al Procurador General de la República y a los funcionarios de la Administración pública, cuya designación y permanencia en los cargos no estén reglados de otro modo por esta Constitución o por la ley:

7) el manejo de las relaciones exteriores de la República. En caso de agresión externa, y previa autorización del Congreso, declarar el Estado de Defensa Nacional o concertar la paz. Negociar y firmar tratados internacionales. Recibir a los jefes de misiones diplomáticas de los países extranjeros y admitir a sus cónsules y designar embajadores, con acuerdo del Senado;

8) dar cuenta al Congreso, al inicio de cada periodo anual de sesiones, de las gestiones realizadas por el Poder Ejecutivo, así como informar de la situación general de la República y de los planes para el futuro;

9) es Comandante en Jefe de las Fuerzas Armadas de la Nación, cargo que no se delega. De acuerdo con la ley, dicta los reglamentos militares, dispone de las Fuerzas Armadas, organiza y distribuye, por sí, nombrar y remover a los comandantes de la Fuerza pública. Adopta las medidas necesarias para la defensa nacional. Provee, por sí, los grados en todas las armas, hasta el de teniente coronel o sus equivalentes y, con acuerdo del Senado, los grados superiores;

10) indultar o conmutar las penas impuestas por los jueces y tribunales de la República, de conformidad con la ley, y con informe de la Corte Suprema de Justicia;

11) convocar a sesiones extraordinarias al Congreso, a cualquiera de las Cámaras o a ambas a la vez, debiendo estas tratar solo aquellos asuntos sometidos a su respectiva consideración;

12) proponer al Congreso proyectos de ley, los cuales podrán ser presentados con solicitud de urgente consideración, en los términos establecidos en esta Constitución.

13) disponer la recaudación e inversión de las rentas de la República, de acuerdo con el Presupuesto General de la Nación y con las leyes, rindiendo cuenta anualmente al Congreso de su ejecución;

14) preparar y presentar a consideración de las Cámaras el proyecto anual de Presupuesto General de la Nación;

15) hacer cumplir las disposiciones de las autoridades creadas por esta Constitución, y

16) los demás deberes y atribuciones que fije esta Constitución.

Artículo 239. De los deberes y de las atribuciones
del Vicepresidente de la República

Son deberes y atribuciones de quien ejerce la Vicepresidencia de la República:

1) sustituir de inmediato al Presidente de la República, en los casos previstos por esta Constitución;

2) representar al Presidente de la República nacional e internacionalmente, por designación del mismo, con todas las prerrogativas que le corresponden a aquel, y

4) participar de las deliberaciones del Consejo de Ministros y coordinar las relaciones entre el Poder Ejecutivo y el Legislativo.

Sección II. De los ministros y del Consejo de Ministros

Artículo 240. De las funciones

La dirección y la gestión de los negocios públicos están confiadas a los ministros del Poder Ejecutivo, cuyo número y funciones serán determinados por la ley. En caso de ausencia temporal de uno de ellos, lo sustituirá uno de los viceministros del ramo.

Artículo 241. De los requisitos, de las incompatibilidades y de las inmunidades

Para ser Ministro se exigen los mismos requisitos que para el cargo de Diputado. Tienen, además, iguales incompatibilidades que las establecidas para el Presidente de la República, salvo el ejercicio de la docencia. No pueden ser privados de su libertad, excepto en los casos previstos para los miembros del Congreso.

Artículo 242. De los deberes y de las atribuciones de los ministros

Los ministros son los jefes de la administración de sus respectivas carteras, en las cuales, bajo la dirección del Presidente de la República, promueven y ejecutan la política relativa a las materias de su competencia.

Son solidariamente responsables de los actos de gobiernos que refrendan.

Anualmente, presentarán al Presidente de la República una memoria de sus gestiones, la cual será puesta a conocimiento del Congreso.

Artículo 243. De los deberes y de las atribuciones del Consejo de Ministros

Convocados por el Presidente de la República, los Ministros se reúnen en Consejo a fin de coordinar las tareas ejecutivas, impulsar la política del Gobierno y adoptar decisiones colectivas.

Compete a dicho Consejo: 1) deliberar sobre todos los asuntos de interés público que el Presidente de la República someta a su consideración, actuando como cuerpo consultivo, así como considerar las iniciativas en materia legislativa, y 2) disponer la publicación periódica de sus resoluciones.

Sección III. De la Procuraduría General de la República

Artículo 244. De la composición

La Procuraduría General de la República está a cargo de un Procurador General y de los demás funcionarios que determine la ley.

Artículo 245. De los requisitos y del nombramiento

El Procurador General de la República debe reunir los mismos requisitos exigidos para ser Fiscal General del Estado. Es nombrado y removido por el Presidente de la República. Las incompatibilidades serán establecidas en la ley.

Artículo 246. De los deberes y de las atribuciones

Son deberes y atribuciones del Procurador General de la República:

1) representar y defender, judicial o extrajudicialmente, los intereses patrimoniales de la República;

2) dictaminar en los casos y con los efectos señalados en las leyes;

3) asesorar jurídicamente a la Administración pública en la forma que determine la ley, y

4) los demás deberes y atribuciones que fije la ley.

Capítulo III. Del Poder Judicial

Sección I. De las Disposiciones generales

Artículo 247. De la función y de la composición
El Poder Judicial es el custodio de esta Constitución. La interpreta, la cumple y la hace cumplir.

La administración de justicia está a cargo del Poder Judicial, ejercido por la Corte Suprema de Justicia, por los tribunales y por los juzgados, en la forma que establezcan esta Constitución y la ley.

Artículo 248. De la independencia del Poder
Judicial
Queda garantizada la independencia del Poder Judicial. Solo este puede conocer y decidir en actos de carácter contencioso.

En ningún caso los miembros de los otros poderes, ni otros funcionarios, podrán arrogarse atribuciones judiciales que no estén expresamente establecidas en esta Constitución, ni revivir procesos fenecidos, ni paralizar los existentes, ni intervenir de cualquier modo en los juicios. Actos de esta naturaleza conllevan nulidad insanable. Todo ello sin perjuicio de las decisiones arbitrales en el ámbito del derecho privado, con las modalidades que la ley determine para asegurar el derecho de defensa y las soluciones equitativas.

Los que atentasen contra la independencia del Poder Judicial y la de sus magistrados, quedarán inhabilitados para ejercer toda función pública por cinco años consecutivos, además de las penas que fije la ley.

Artículo 249. De la autarquía presupuestaria

El Poder Judicial goza de autonomía presupuestaria. En el Presupuesto General de la Nación se le asignará una cantidad no inferior al tres por ciento del presupuesto de la Administración Central.

El presupuesto del Poder Judicial será aprobado por el Congreso, y la Contraloría General de la República verificará todos sus gastos e inversiones.

Artículo 250. Del juramento o promesa

Los ministros de la Corte Suprema de Justicia prestarán juramento o promesa ante el Congreso, al asumir sus cargos. Los integrantes de los demás tribunales y de los juzgados lo harán ante la Corte Suprema de Justicia.

Artículo 251. De la designación

Los miembros de los tribunales y juzgados de toda la República serán designados por la Corte Suprema de Justicia, a propuesta en terna del Consejo de la Magistratura.

Artículo 252. De la inamovilidad de los magistrados

Los magistrados son inamovibles en cuanto al cargo, a la sede y al grado, durante el término para el cual fueron nombrados. No pueden ser trasladados ni ascendidos sin su consentimiento previo y expreso. Son designados por periodos de cinco años, a contar de su nombramiento.

Los magistrados que hubiesen sido confirmados por dos periodos siguientes al de su elección, adquieren la inamovilidad en el cargo hasta el límite de edad establecido para los miembros de la Corte Suprema de Justicia.

Artículo 253. Del enjuiciamiento y de la remoción de los magistrados

Los magistrados judiciales solo podrán ser enjuiciados y removidos por la comisión de delitos, o mal desempeño de sus funciones definido en la ley, por decisión de un Jurado de Enjuiciamiento de Magistrados. Este estará integrado por dos ministros de la Corte Suprema de Justicia, dos miembros del Consejo de la Magistratura, dos senadores y dos diputados; estos cuatro últimos deberán ser abogados. La ley regulará el funcionamiento del Jurado de enjuiciamiento de magistrados.

Artículo 254. De las incompatibilidades

Los magistrados no pueden ejercer, mientras duren en sus funciones, otro cargo público o privado, remunerado o no, salvo la docencia o la investigación científica, a tiempo parcial. Tampoco pueden ejercer el comercio, la industria o actividad profesional o política alguna, ni desempeñar cargos en organismos oficiales o privados, partidos, asociaciones o movimientos políticos.

Artículo 255. De las inmunidades

Ningún magistrado judicial podrá ser acusado o interrogado judicialmente por las opiniones emitidas en el ejercicio de sus funciones. No podrá ser detenido o arrestado sino en caso de flagrante delito que merezca pena corporal. Si así ocurriese, la autoridad interviniente debe ponerlo bajo custodia en su residencia, comunicar de inmediato el hecho a la Corte Suprema de Justicia y remitir los antecedentes al juez competente.

Artículo 256. De la forma de los juicios

Los juicios podrán ser orales y públicos, en la forma y en la medida que la ley determine.

Toda sentencia judicial debe estar fundada en esta Constitución y en la ley. La crítica a los fallos es libre.

El proceso laboral será oral y estará basado en los principios de inmediatez, economía y concentración.

Artículo 257. De la obligación de colaborar con la justicia

Los órganos del Estado se subordinan a los dictados de la ley, y las personas que ejercen funciones al servicio del mismo están obligadas a prestar a la administración de justicia toda la cooperación que ella requiera para el cumplimiento de sus mandatos.

Sección II. De la Corte Suprema de Justicia

Artículo 258. De la integración y de los requisitos

La Corte Suprema de Justicia está integrada por nueve miembros. Se organizará en salas, una de las cuales será constitucional. Elegirá de su seno, cada año, a su presidente. Sus miembros llevaran el Título de ministro.

Son requisitos para integrar la Corte Suprema de Justicia: tener nacionalidad paraguaya natural, haber cumplido treinta y cinco años, poseer Título universitario de doctor en Derecho y gozar de notoria honorabilidad. Además haber ejercido efectivamente durante el término de diez años cuando menos la profesión, la magistratura judicial o la cátedra universitaria en materia jurídica, conjunta, separada o sucesivamente.

Artículo 259. De los deberes y de las atribuciones
Son deberes y atribuciones de la Corte Suprema de Justicia:

1) ejercer la superintendencia de todos los organismos del Poder Judicial y decidir, en instancia única, los conflictos de jurisdicción y de competencia, conforme con la ley;

2) dictar su propio reglamento interno. Presentar anualmente, una memoria sobre las gestiones realizadas, el estado, y las necesidades de la justicia nacional a los Poderes Ejecutivo y Legislativo.

3) conocer y resolver en los recursos ordinarios que la ley determine;

4) conocer y resolver, en instancia original, los Hábeas Corpus, sin perjuicio de la competencia de otros jueces o tribunales.

5) conocer y resolver sobre inconstitucionalidad;

6) conocer y resolver en el recurso de casación, en la forma y medida que establezca la ley;

7) suspender preventivamente por sí o a pedido del Jurado de Enjuiciamiento de Magistrados por mayoría absoluta de votos de sus miembros, en el ejercicio de sus funciones, a magistrados judiciales enjuiciados, hasta tanto se dicte resolución definitiva en el caso;

8) supervisar los institutos de detención y reclusión, y

9) entender en las contiendas de competencia entre el Poder Ejecutivo y los gobiernos departamentales y entre estos y los municipios, y

10) los demás deberes y atribuciones que fijen esta Constitución y las leyes.

Artículo 260. De los deberes y de las atribuciones de la Sala Constitucional

Son deberes y atribuciones de la Sala Constitucional:

1) conocer y resolver sobre la inconstitucionalidad de las leyes y de otros instrumentos normativos, declarando la inaplicabilidad de las disposiciones contrarias a esta Constitución en cada caso concreto y en fallo que solo tendrá efecto con relación a ese caso, y

2) decidir sobre la inconstitucionalidad de las sentencias definitivas o interlocutorias, declarando la nulidad de las que resulten contrarias a esta Constitución.

El procedimiento podrá iniciarse por acción ante la Sala Constitucional de la Corte Suprema de Justicia, y por vía de la excepción en cualquier instancia, en cuyo caso se elevarán los antecedentes a la Corte.

Artículo 261. De la remoción y cesación de los ministros de la Corte Suprema de Justicia

Los ministros de la Corte Suprema de Justicia solo podrán ser removidos por juicio político. Cesarán en el cargo cumplida la edad de setenta y cinco años.

Sección III. Del Consejo de la Magistratura

Artículo 262. De la composición

El Consejo de la Magistratura está compuesto por:

1) un miembro de la Corte Suprema de Justicia, designado por esta;

2) un representante del Poder Ejecutivo;

3) un Senador y un Diputado, ambos nominados por su Cámara respectiva;

4) dos abogados de la matrícula, nombrados por sus pares en elección directa;

5) un profesor de las facultades de Derecho de la Universidad Nacional, elegido por su pares, y

6) un profesor de las facultades de Derecho con no menos de veinte años de funcionamiento, de las Universidades privadas, elegido por sus pares.

La ley reglamentará los sistemas de elección pertinentes.

Artículo 263. De los requisitos y de la duración
Los miembros del Consejo de la Magistratura deben reunir los siguientes requisitos:

Ser de nacionalidad paraguaya, haber cumplido treinta y cinco años, poseer Título universitario de abogado y, durante el término de diez años cuanto menos, al haber ejercido efectivamente la profesión, o desempeñado funciones en la magistratura judicial, o ejercido la cátedra universitaria en materia jurídica, conjunta, separada o alternativamente.

Durarán tres años en sus funciones y gozarán de iguales inmunidades que los ministros de la Corte Suprema de Justicia. Tendrán las incompatibilidades que establezca la ley.

Artículo 264. De los deberes y de las atribuciones
Son deberes y atribuciones del Consejo de la Magistratura:

1) proponer las ternas de candidatos para integrar la Corte Suprema de Justicia, previa selección basada en la idoneidad, con consideración de méritos y aptitudes, y elevarlas a la Cámara de Senadores para que los designe, con acuerdo del Poder Ejecutivo;

2) proponer en ternas a la Corte Suprema de Justicia, con igual criterio de selección y examen, los nombres de candidatos para los cargos de miembros de los tribunales inferiores, los de los jueces y los de los agentes fiscales;

3) elaborar su propio reglamento, y

4) los demás deberes y atribuciones que fijen esta Constitución y las leyes.

Artículo 265. Del Tribunal de Cuentas y de otras magistraturas y organismos auxiliares

Se establece el Tribunal de Cuentas. La ley determinará su composición y su competencia.

La estructura y las funciones de las demás magistraturas judiciales y de organismos auxiliares, así como las de la escuela judicial, serán determinadas por la ley.

Sección IV. Del Ministerio público

Artículo 266. De la composición y de las funciones

El Ministerio público representa a la sociedad ante los órganos jurisdiccionales del Estado, gozando de autonomía funcional y administrativa en el cumplimiento de sus deberes y de sus atribuciones. Lo ejercen el Fiscal General del Estado y los agentes fiscales, en la forma determinada por la ley.

Artículo 267. De los requisitos

Para ser Fiscal General del Estado se requiere tener nacionalidad paraguaya; haber cumplido treinta y cinco años; poseer Título universitario de abogado, haber ejercido efectivamente la profesión o funciones o la magistratura judicial, o la cátedra universitaria en materia jurídica durante cinco años cuanto menos, conjunta, separada o sucesivamente.

Tiene las mismas incompatibilidades e inmunidades que las establecidas para los magistrados del Poder Judicial.

Artículo 268. De los deberes y de las atribuciones
Son deberes y atribuciones del Ministerio público:
1) velar por el respeto de los derechos y de las garantías constitucionales;
2) promover acción penal pública para defender el patrimonio público y social, el medio ambiente y otros intereses difusos, así como los derechos de los pueblos indígenas;
3) ejercer acción penal en los casos en que, para iniciarla o proseguirla, no fuese necesaria instancia de parte, sin perjuicio de que el juez o tribunal proceda de oficio, cuando lo determine la ley;
4) recabar información de los funcionarios públicos para el mejor cumplimiento de sus funciones, y
5) los demás deberes y atribuciones que fije la ley.

Artículo 269. De la elección y de la duración
El Fiscal General del Estado tiene inamovilidad. Dura cinco años en sus funciones, y puede ser reelecto. Es nombrado por el Poder Ejecutivo, con acuerdo del Senado, a propuesta en terna del Consejo de la Magistratura.

Artículo 270. De los agentes fiscales
Los agentes fiscales son designados en la misma forma que establece esta Constitución para los jueces. Duran en sus funciones y son removidos con iguales procedimientos. Además, tienen las mismas incompatibilidades e inmunidades que las determinadas para los integrantes del Poder Judicial.

Artículo 271. De la posesión de los cargos

El Fiscal General del Estado presta juramento o promesa ante el Senado, mientras los agentes fiscales lo efectúan ante la Corte Suprema de Justicia.

Artículo 272. De la policía judicial

La ley podrá crear una Policía Judicial, dependiente del Poder Judicial, a fin de colaborar directamente con el Ministerio público.

Sección V. De la Justicia Electoral

Artículo 273. De la competencia

La convocatoria, el juzgamiento, la organización, la dirección, la supervisión y la vigilancia de los actos y de las cuestiones derivados de las elecciones generales, departamentales y municipales, así como de los derechos y de los títulos de quienes resulten elegidos, corresponden exclusivamente a la Justicia Electoral.

Son igualmente de su competencia las cuestiones provenientes de todo tipo de consulta popular, como asimismo lo relativo a las elecciones y al funcionamiento de los partidos y de los movimientos políticos.

Artículo 274. De la integración

La Justicia Electoral esta integrada por un Tribunal Superior de Justicia electoral, por los tribunales, por los juzgados, por las fiscalías y por los demás organismos a definirse en la ley, la cual determinará su organización y sus funciones.

Artículo 275. Del Tribunal Superior de Justicia
Electoral

El Tribunal Superior de Justicia electoral estará compuesto de tres miembros, quienes serán elegidos y removidos en la forma establecida para los ministros de la Corte Suprema de Justicia.

Los miembros del Tribunal Superior de Justicia Electoral deberán reunir los siguientes requisitos: ser de nacionalidad paraguaya, haber cumplido treinta y cinco años, poseer Título universitario de abogado y, durante el término de diez años, cuanto menos, haber ejercido efectivamente la profesión, o desempeñado funciones en la magistratura judicial, o ejercido la cátedra universitaria en materia jurídica, conjunta, separada o alternativamente.

La ley fijará en qué casos sus resoluciones serán recurribles ante la Corte Suprema de Justicia, la cual resolverá la cuestión en procedimiento sumarísimo.

Capítulo IV. De otros organismos del Estado

Sección I. De la Defensoría del Pueblo

Artículo 276. Del Defensor del Pueblo

El Defensor del Pueblo es un comisionado parlamentario, cuyas funciones son la defensa de los derechos humanos, la canalización de reclamos populares y la protección de los intereses comunitarios. En ningún caso tendrá función judicial ni competencia ejecutiva.

Artículo 277. De la autonomía, del nombramiento y
de la remoción

El Defensor del Pueblo goza de autonomía e inamovilidad. Es nombrado por mayoría de dos tercios de la Cámara de Diputados, de una terna propuesta por el Senado, y durará cinco años en sus funciones, coincidentes con el periodo del Congreso. Podrá ser reelecto. Además, podrá ser removido por mal desempeño de sus funciones, con el procedimiento del juicio político establecido en esta Constitución.

Artículo 278. De los requisitos, de las
incompatibilidades y de las inmunidades

El Defensor del Pueblo debe reunir los mismos requisitos exigidos para los diputados, y tiene las mismas incompatibilidades e inmunidades que las de los magistrados judiciales. Durante su mandato, no puede formar parte de ningún poder del Estado ni ejercer actividad político partidaria alguna.

Artículo 279. De los requisitos, de las
incompatibilidades y de las inmunidades

Son deberes y atribuciones del Defensor del Pueblo:

1) recibir e investigar denuncias, quejas y reclamos contra violaciones de los derechos humanos y otros hechos que establecen esta Constitución y la ley;

2) requerir de las autoridades, en sus diversos niveles, incluyendo los de los órganos policiales y los de seguridad en general, información para el mejor ejercicio de sus funciones, sin que pueda oponérsele reserva alguna. Podrá acceder a los sitios donde se denuncie la comisión de tales hechos. Es también de su competencia actuar de oficio;

3) emitir censura pública por actos o comportamientos contrarios a los derechos humanos;

4) informar anualmente de sus gestiones a las Cámaras del Congreso;

5) elaborar y divulgar informes sobre la situación de los derechos humanos que, a su juicio, requieran pronta atención pública, y

6) los demás deberes y atribuciones que fije la ley.

Artículo 280. De la regulación de sus funciones
Las funciones del Defensor del Pueblo serán reguladas por la ley a fin de asegurar su eficacia, pudiendo nombrarse defensores departamentales o municipales.

Sección II. De la Contraloría General de la República

Artículo 281. De la naturaleza, de la composición y
de la duración
La Contraloría General de la República es el órgano de control de las actividades económicas y financieras del Estado, de los departamentos y de las municipalidades, en la forma determinada por esta Constitución y por la ley. Gozará de autonomía funcional y administrativa.

Se compone de un Contralor y un Subcontralor, quienes deberán ser de nacionalidad paraguaya, de treinta años cumplidos, graduados en Derecho o en Ciencias Económicas, Administrativas o Contables. Cada uno de ellos será designado por la Cámara de Diputados, por mayoría absoluta, de sendas ternas de candidatos propuestos por la Cámara de Senadores, con idéntica mayoría.

Durarán cinco años en funciones, los cuales no será coincidentes con los del mandato presidencial. Podrán ser confirmados en el cargo solo por un periodo más, con sujeción a los mismos trámites. Durante tal lapso gozarán de inamovilidad no pudiendo ser removidos sino por la comisión de delitos o por mal desempeño de sus funciones.

Artículo 282. Del informe y del dictamen
El Presidente de la República, en su carácter de titular de la administración del Estado, enviará a la Contraloría la liquidación del presupuesto del año anterior, dentro de los cuatro meses del siguiente. En los cuatro meses posteriores, la Contraloría deberá elevar informe y dictamen al Congreso, para que los consideren cada una de las Cámaras.

Artículo 283. De los deberes y de las atribuciones
Son deberes y atribuciones del Contralor General de la República:

1) el control, la vigilancia y la fiscalización de los bienes públicos y del patrimonio del Estado, los de las entidades regionales o departamentales, los de las municipalidades, los del Banco Central y los de los demás bancos del Estado o mixtos, los de las entidades autónomas, autárquicas o descentralizadas, así como los de las empresas del Estado o mixtas;

2) el control de la ejecución y de la liquidación del Presupuesto General de la Nación;

3) El control de la ejecución y de la liquidación de los presupuestos de todas las reparticiones mencionadas en el inciso 1), como asimismo el examen de sus cuentas, fondos e inventarios;

4) la fiscalización de las cuentas nacionales de las empresas o entidades multinacionales, de cuyo capital participe el

Estado en forma directa o indirecta, en los términos de los respectivos tratados;

5) el requerimiento de informes sobre la gestión fiscal y patrimonial a toda persona o entidad pública, mixta o privada que administre fondos, servicios públicos o bienes del Estado, a las entidades regionales o departamentales y a los municipios, todas las cuales deben poner a su disposición la documentación y los comprobantes requeridos para el mejor cumplimiento de sus funciones;

6) la recepción de las declaraciones juradas de bienes de los funcionarios públicos, así como la formación de un registro de las mismas, y la producción de dictámenes sobre la correspondencia entre tales declaraciones, prestadas al asumir los respectivos cargos, y las que los aludidos funcionarios formulen al cesar en ellos;

7) la denuncia a la justicia ordinaria y al Poder Ejecutivo de todo delito del cual tenga conocimiento en razón de sus funciones específicas, siendo solidariamente responsable, por omisión o desviación, con los órganos sometidos a su control, cuando estos actuasen con deficiencia o negligencia, y

8) los demás deberes y atribuciones que fijen esta Constitución y las leyes.

Artículo 284. De las inmunidades, de las incompatibilidades y de la remoción

El Contralor y el Subcontralor tendrán las mismas inmunidades e incompatibilidades prescritas para los magistrados judiciales. En cuanto a su remoción, se seguirá el procedimiento establecido para el juicio político.

Sección III. De la Banca Central del Estado

Artículo 285. De la naturaleza, de los deberes y de las atribuciones

Se establece una Banca Central del Estado en carácter de organismo técnico. Ella tiene la exclusividad de la emisión monetaria, y conforme con los objetivos de la política económica del Gobierno nacional, participa con los demás organismos técnicos del Estado en la formulación de las políticas monetarias, crediticia y cambiaria, siendo responsable de su ejecución y desarrollo y preservando la estabilidad monetaria.

Artículo 286. De las prohibiciones

Se prohibe a la Banca Central del Estado:

1) acordar créditos, directa o indirectamente, para financiar el gasto público al margen del presupuesto, excepto;

i) los adelantos de corto plazo de los recursos tributarios presupuestados para el año respectivo, y

ii) en caso de emergencia nacional, con resolución fundada del Poder Ejecutivo y acuerdo de la Cámara de Senadores.

2) adoptar acuerdo alguno que establezca, directa o indirectamente, normas o requisitos diferentes o discriminatorios y relativos a personas, instituciones o entidades que efectúan operaciones de la misma naturaleza, y

3) operar con personas o entidades no integradas al sistema monetario o financiero nacional, salvo organismos internacionales.

Artículo 287. De la organización y del
funcionamiento

La ley regulará la organización y funcionamiento de la Banca Central del Estado, dentro de las limitaciones previstas en esta Constitución.

La Banca Central del Estado rendirá cuentas al Poder Ejecutivo y al Congreso Nacional sobre la ejecución de las políticas a su cargo.

Título del estado de excepción

Artículo 288. De la declaración, de las causales, de
la vigencia y de los plazos

En caso de conflicto armado internacional, formalmente declarado o no, o de grave conmoción interior que ponga en inminente peligro el imperio de esta Constitución o el funcionamiento regular de los órganos creados por ella, el Congreso o el Poder Ejecutivo podrán declarar el Estado de Excepción, en todo o en parte del territorio nacional, por un término de sesenta días como máximo. En el caso de que dicha declaración fuera efectuada por el Poder Ejecutivo, la medida deberá ser aprobada o rechazada por el Congreso dentro del plazo de cuarenta y ocho horas.

Dicho término de sesenta días podrá prorrogarse por periodos de treinta días sucesivos, para lo cual se requerirá mayoría absoluta de ambas Cámaras.

Durante el receso parlamentario, el Poder Ejecutivo podrá decretar, por única vez, el Estado de Excepción, por un plazo no mayor de treinta días, pero deberá someterlo dentro de los ocho días a la aprobación o rechazo del Congreso, el cual quedará convocado de pleno derecho a sesión extraordinaria, únicamente para tal efecto.

El decreto o la ley que declare el Estado de Excepción contendrá las razones y los hechos que se invoquen para su adopción, el tiempo de su vigencia y el territorio afectado, así como los derechos que restrinja.

Durante la vigencia del Estado de Excepción, el Poder Ejecutivo solo podrá ordenar, por decreto y en cada caso, las siguientes medidas; la detención de las personas indiciadas de participar en algunos de esos hechos, su traslado de un punto a otro de la República, así como la prohibición o restricción de reuniones públicas y de manifestaciones.

En todos los casos, las personas indiciadas tendrán la opción de salir del país.

El Poder Ejecutivo informará de inmediato a la Corte Suprema de Justicia sobre los detenidos en virtud del Estado de Excepción y sobre el lugar de su detención o traslado, a fin de hacer posible una inspección judicial.

Los detenidos en razón del Estado de Excepción permanecerán en locales sanos y limpios, no destinados a reos comunes, o guardarán reclusión en su propia residencia. Los traslados se harán siempre a sitios poblados y salubres.

El Estado de Excepción no interrumpirá el funcionamiento de los poderes del Estado, la vigencia de esta Constitución ni, específicamente, el hábeas corpus.

El Congreso, por mayoría absoluta de votos, podrá disponer en cualquier momento el levantamiento del Estado de Excepción, si considerase que cesaron las causas de su declaración.

Una vez que finalice el Estado de Excepción, el Poder Ejecutivo informará al Congreso, en un plazo no mayor de cinco días, sobre lo actuado durante la vigencia de aquel.

Título IV. De la reforma y de la enmienda de la Constitución

Artículo 289. De la reforma

La reforma de esta Constitución solo procederá luego de diez años de su promulgación.

Podrán solicitar la reforma el veinticinco por ciento de los legisladores de cualquiera de las Cámaras del Congreso, el Presidente de la República o treinta mil electores, en petición firmada.

La declaración de la necesidad de la reforma solo será aprobada por mayoría absoluta de dos tercios de los miembros de cada Cámara del Congreso.

Una vez decidida la necesidad de la reforma, el Tribunal Superior de Justicia Electoral llamará a elecciones dentro del plazo de ciento ochenta días, en comicios generales que no coincidan con ningún otro.

El número de miembros de la Convención Nacional Constituyente no podrá exceder del total de los integrantes del Congreso. Sus condiciones de elegibilidad, así como la determinación de sus incompatibilidades, serán fijadas por ley.

Los convencionales tendrán las mismas inmunidades establecidas para los miembros del Congreso.

Sancionada la nueva Constitución por la Convención Nacional Constituyente, quedará promulgada de pleno derecho.

Artículo 290. De la enmienda

Transcurridos tres años de promulgada esta Constitución, podrán realizarse enmiendas a iniciativa de la cuarta parte de los legisladores de cualquiera de las Cámaras del Congreso, del Presidente de la República o de treinta mil electores, en petición firmada.

El texto íntegro de la enmienda deberá ser aprobado por mayoría absoluta en la Cámara de origen. Aprobado el mismo, se requerirá igual tratamiento en la Cámara revisora. Si en cualquiera de las Cámaras no se reuniese la mayoría requerida para su aprobación, se tendrá por rechazada la enmienda, no pudiendo volverse a presentarla dentro del término de un año.

Aprobada la enmienda por ambas Cámaras del Congreso, se remitirá el texto al Tribunal Superior de Justicia Electoral para que, dentro del plazo de ciento ochenta días, se convoque a un referéndum. Si el resultado de este es afirmativo, la enmienda quedará sancionada y promulgada, incorporándose al texto constitucional.

Si la enmienda es derogatoria, no podrá promoverse otra sobre el mismo tema antes de tres años.

No se utilizará el procedimiento indicado de la enmienda, sino el de la reforma, para aquellas disposiciones que afecten el modo de elección, la composición, la duración de mandatos o las atribuciones de cualquiera de los poderes del Estado o las disposiciones de los Capítulos I, II, III y IV del Título II de la Parte I.

Artículo 291. De la potestad de la Convención Nacional Constituyente

La Convención Nacional Constituyente es independiente de los poderes constituidos. Se limitará, durante el tiempo que duren sus deliberaciones, a sus labores de reforma, con exclusión de cualquier otra tarea. No se arrogará las atribuciones de los poderes del Estado, no podrá sustituir a quienes se hallen en ejercicio de ellos, ni acortar o ampliar su mandato.

Título V. De las disposiciones finales y transitorias

Artículo 1. Esta Constitución entra en vigencia desde la fecha. Su promulgación se opera de pleno derecho a la hora veinticuatro de la misma.

El proceso de elaboración de esta Constitución, su sanción, su promulgación y las disposiciones que la integran, no están sujetas a revisión jurisdiccional, ni a modificación alguna, salvo lo dispuesto para su reforma o enmienda.

Queda derogada la Constitución del 25 de agosto de 1967 y su enmienda del año 1977; sin perjuicio de lo que se dispone en el presente Título.

Artículo 2. El Presidente de la República, el Presidente del Congreso y el Presidente de la Corte Suprema de Justicia, prestarán juramento o promesa de cumplir y hacer cumplir esta Constitución, ante la Convención Nacional Constituyente el día veinte de junio de 1992.

Artículo 3. El Presidente de la República, los Senadores y los Diputados continuarán en sus funciones respectivas hasta que asuman las nuevas autoridades nacionales que serán elegidas en las elecciones generales a realizarse en 1993. Sus deberes y atribuciones serán los establecidos por esta Constitución, tanto para el Presidente de la República como para el Congreso, el cual no podrá ser disuelto.

Hasta tanto asuman los senadores y diputados que sean electos en las elecciones generales de 1993, el proceso de formación y sanción de las leyes se regirá por lo que disponen los

Artículos 154/167 de la Constitución de 1967.

Artículo 4. La próxima elección para designar Presidente de
la República, Vicepresidente, Senadores y Diputados, Gobernadores y miembros de las Juntas Departamentales se
realizará simultáneamente en la fecha que determine el Tribunal Electoral de la Capital, la que deberá ser fijada para
el lapso comprendido entre el 15 de abril y el 15 de mayo
de 1993. Estas autoridades asumirán sus funciones el 15 de
agosto de 1993, a excepción de los miembros del Congreso
que lo harán el 1 de julio del mismo año.

Artículo 5. Los demás magistrados y funcionarios seguirán
en sus cargos hasta completar el periodo que hubiese determinado para cada uno de ellos la Constitución de 1967 y
si, llegado ese momento, todavía no fueran nombrados sus
sucesores, continuará en funciones interinamente hasta que
se produzca su sustitución.

Ellos podrán ser reemplazados por otros funcionarios y
magistrados que serán designados interinamente y de acuerdo con los mecanismos establecidos por la Constitución de
1967. Los funcionarios y magistrados así designados durarán en sus cargos hasta el momento en que sean designados
sus sustitutos de acuerdo con los mecanismos que determina
esta Constitución.

También continuarán en funciones el Contralor General y
el Subcontralor, hasta tanto se designen los funcionarios que
determina el **Artículo** 281 de esta Constitución.

Artículo 6. Hasta tanto se realicen los comicios generales,
en 1993, para elegir Presidente de la República, Vicepresidente, Senadores, Diputados, Gobernadores y miembros de

las Juntas Departamentales, seguirá, en función los mismos organismos electorales; Junta Electoral Central, Junta Electoral Seccional y Tribunales Electorales, los que se regirán por el código electoral en todo aquello que no contradiga a esta Constitución.

Artículo 7. La designación de funcionarios y magistrados que requieran la intervención del Congreso o de cualquiera de sus Cámaras o para cargos de instituciones creadas por esta Constitución o con integración diferente a la que establecía la de 1967, no podrá efectuarse sino después que asuman las autoridades nacionales que serán elegidas en el año 1993, con excepción de lo preceptuado en el **Artículo 9,** de este Título.

Artículo 8. Los Magistrados Judiciales que sean confirmados a partir de los mecanismos ordinarios establecidos en esta Constitución adquieren la inamovilidad permanente a que se refiere el 2.º párrafo del **Artículo 252.** «De la inamovilidad de los magistrados», a partir de la segunda confirmación.

Artículo 9. Los miembros del Jurado de Enjuiciamiento de Magistrados serán designados a propuesta de los respectivos poderes dentro de los sesenta días de promulgada esta Constitución. Hasta tanto se integre el Consejo de la Magistratura, los representantes que responden a ese cuerpo será cubiertos por un profesor de cada facultad de Derecho, a propuesta de sus respectivos Consejos Directivos. A este jurado se le deferirá el conocimiento y el juzgamiento de todas las denuncias actualmente existentes ante la Corte Suprema de Justicia. Hasta que se dicte la Ley respectiva, regirá en lo pertinente la Ley 879/81, Código de Organización Judicial.

La duración en sus respectivos cargos de los miembros del Jurado de Enjuiciamiento de Magistrados que sean designados en virtud de lo que dispone este **Artículo,** será fijada por ley.

Artículo 10. Hasta tanto se designe Procurador General, los funcionarios actuales que se desempeñan en el área respectiva quedan investidos de las atribuciones que determina el **Artículo 246.**

Artículo 11. Hasta tanto se dicte una Ley Orgánica Departamental, los Gobernadores y las Juntas Departamentales estarán integradas por un mínimo de siete miembros y un máximo de veintiún miembros. El Tribunal Electoral de Asunción establecerá el número de miembros de las Juntas Departamentales, atendiendo a la densidad electoral de los departamentos.

Artículo 12. Las Sedes actuales de las Delegaciones de Gobierno, pasarán de pleno derecho y a Título gratuito a ser propiedad de los gobiernos departamentales.

Artículo 13. Si al 1 de octubre de 1992 siguen sin estar organizados electoralmente los Departamentos de Chaco y Nueva Asunción los dos Diputados que corresponden a estos Departamentos, serán elegidos en los colegios electorales de los Departamentos de Presidente Hayes, Boquero y Alto Paraguay, de acuerdo con el caudal electoral de estos.

Artículo 14. La investidura de Senador Vitalicio alcanza al ciudadano que ejerce la Presidencia de la República a la fecha de sanción de esta Constitución, sin que beneficie a ninguno anterior.

Artículo 15. Hasta tanto se reúna una nueva Convención Nacional Constituyente, los que participaron en esta gozarán del trato de «Ciudadano Convencional».

Artículo 16. Los bienes adquiridos por la Convención o donados a ella que forman parte de su patrimonio serán transferidos a Título gratuito al Poder Legislativo.

Artículo 17. El depósito y conservación de toda la documentación producida por la Convención Nacional Constituyente tales como los diarios y las actas y de sesiones plenarias y las de comisión redactora serán confiados a la Banca Central del Estado, a nombre y disposición del Poder Legislativo, hasta que, por Ley, se disponga su remisión y guarda en el Archivo Nacional.

Artículo 18. El Poder Ejecutivo dispondrá de inmediato la edición oficial de 10.000 ejemplares de esta Constitución en los idiomas castellanos y guaraní.

En caso de duda de interpretación, se estará al texto redactado en idioma castellano.

A través del sistema educativo, se fomentará el estudio de la Constitución Nacional.

Artículo 19. A los efectos de las limitaciones que establece esta Constitución para la reelección de los cargos electivos de los diversos poderes del Estado, se computará el actual periodo inclusive.

Artículo 20. El texto original de la Constitución Nacional será firmado, en todas sus hojas por el Presidente y los Secretarios de la Convención Nacional Constituyente.

El Acta final de la Convención, por la cual se aprueba y asienta el texto completo de esta Constitución, será firmada por el Presidente y los Secretarios de la Convención Nacional Constituyente. La firmarán también los Convencionales que deseen hacerlo de modo que se forme un solo documento cuya custodia será confiada al Poder Legislativo.

Queda sancionada esta Constitución. Dada en el recinto de deliberaciones de la Convención Nacional Constituyente a los veinte días del mes de junio de mil novecientos noventa y dos, en la ciudad de la Asunción, Capital de la República del Paraguay.